中公新書 2804

白石典之著

元朝秘史——チンギス・カンの一級史料

中央公論新社刊

はじめに

「天の命《めい》により生まれたボルテ・チノ（蒼《あお》き狼《おおかみ》）がいた。その妻はコアイ・マラル（白き牝《め》鹿《じか》）といった。大湖《たいこ》を渡り、オノン川の源のボルカン・カルドゥン（という山）の牧地にやってきて、そこに住むうちにバタチカンが生まれた」

これは『元朝秘史《げんちょうひし》』という書物の冒頭の一節である。この書の主人公は、モンゴル帝国の初代君主チンギス・カン（西暦一一六二？〜一二二七年）で、ボルテ・チノはその伝説上の始祖にあたる。

文豪井上靖《いのうえやすし》は、この書に拠《よ》ってチンギス・カンの生涯を小説に著し、題名を『蒼き狼』とした。蒼灰色《そうかいしょく》の毛並みを輝かせながら獲物を求めて走る神秘的な孤狼《ころう》と、草原を疾駆して一代で巨大国家を築いた謎《なぞ》多き英傑とが印象深く重なる。この作品が話題になるにつれ、〝蒼き狼〟がチンギス・カンの代名詞として日本人の間に定着していった。

蒼き狼と白き牝鹿の始祖伝説から、チンギス・カンの事績、彼の後継者たちの活躍まで、『元朝秘史』にはモンゴル民族の成り立ちが記されている。チンギス・カンを崇敬するモンゴル人たちにとって、この書は教典のような存在であるとともに、民族の歴史を知るための啓蒙書《けいもうしょ》でもある。

本文は漢字音写されたモンゴル語で、傍らに漢訳が付されている。おおまかに時の流れに従って十二章二八二節で構成されているが、単なる出来事の羅列ではない。時代背景や登場人物がいきいきと描写され、随所に韻《いん》を踏んだ流麗なモンゴル詩も挿入された、優れた読み物になっている。

『元朝秘史』とは、十四世紀末の漢訳本に用いられた題名で、モンゴル語では『モンゴルの秘められた書』とよばれる。この書のおおまかな骨子ができたのは、諸説あるが、十三世紀中ごろの可能性が高い。そうであるならば、モンゴル帝国の東アジア部分が「大元《だいげん》」（一二七一～一三六八年）を国号とするよりも前のことになり、書名に「元朝」を冠するのは適切でないかもしれない。だが、かつては歴史教科書にもみられた名称で、人口に膾炙《かいしゃ》していることもあり、本書ではこれを採用する。

広大な版図のモンゴル帝国で、チンギス・カンに関する事績は、さまざまな言語で残された。その著者には征服者側と被征服者側がいた。置かれた立場によってチンギス・カンを神のように崇《あが》めたり、悪魔のように貶《おとし》めたりと筆致は分かれる。『元朝秘史』の作者は不明だが、おそらく彼を間近でみていた、モンゴル寄りの人物であろう。

そう聞くと、チンギス・カン礼賛の書と思われるかもしれないが、じつはちがう。彼の喜び、悩み、涙、怒り、嫉妬《しっと》、過ちなど、人間臭い部分も包み隠すことなく記されている。そこが〝秘史〟たる所以《ゆえん》かもしれない。

ただ、伝説と史実との区別がつきにくいこと、出来事の先後の入れ替わりや後世の挿入がみられることなど、問題となる部分が少なからずある。そのため歴史研究への活用には慎重な意見も聞かれる。それでも、問題箇所を時代や当時の文化の反映と前向きにとらえれば、『元朝秘史』は、チンギス・カンとモンゴル帝国史の研究における第一級の史料になり得る。

これまで洋の東西で多くの碩学《せきがく》が『元朝秘史』の研究に取り組んできた。微に入り細を穿《うが》つ厳密な考証が繰り返されてきた結果、言語学や歴史学の分野では、興味深い論考が数多く公刊されている。とくに、わが国の研究は世界に冠たる水準で、いままで優れた訳註書《やくちゅうしょ》の数々が刊行されている。

一方で、遅れている部分もある。それは歴史地理的分野である。『元朝秘史』のなかには、チンギス・カンの活躍の舞台になった数多くの地名が登場する。それらを地図上に正確に比定することは、出来事のイメージを具体化できて、研究者だけでなく、文学作品として味わおうとする読者にも有益であると考える。だが、八〇〇年という時の流れが、地名比定を困難にしている。かなりの数の地名が湮滅《いんめつ》して現存しない。そのためチンギスの足跡は、断片的にしかわかっていない。もちろん、これまであまたの研究者がこの課題に取り組んできたが、残念ながら、必ずしも納得できる成果は得られていない。

ところが、近年のモンゴル考古学の進展で、状況が変わってきた。新たな遺跡や銘文資料が数多くみつかり、活躍の舞台の特定がかなり進んできた。それだけでなく、チンギス・カンの暮らしぶりなども明らかになってきた。

征服者の豪奢《ごうしゃ》なイメージからは程遠い、金銀財宝とかけ離れた日常生活をおくっていたこと、そして、感情と欲望の赴くままに侵略を企てたのではなく、明確なビジョンと用意周到な戦略に基づいていたことなどがわかってきた。それにともない、『元朝秘史』の内容をめぐる解釈には、改めるべき点が少なからず出てきた。

筆者が『元朝秘史』に出会ったのは三〇年ほど前のこと。所在不明のチンギス・カンの墓を探すというプロジェクトの一隊員に選ばれたことを契機に、彼の事績を調べ始めたときであった。初めて手にとった『元朝秘史』は、東洋史の泰斗岩村忍《いわむらしのぶ》（一九〇五～八八年）の著した中公新書『元朝秘史　チンギス＝ハン実録』であった。

『元朝秘史』研究が盛んなわが国では、明治期以降、優れた翻訳が刊行されてきた。だが、それらは文語調の難解な文体で書かれている。それでは初めて手に取る一般の人々に、『秘史』の特長をうまく伝えることができないのではないか。そう危惧《きぐ》した岩村は、とりつきやすい新書として一九六三年に上梓《じょうし》した。

そして今、私は同じ中公新書で『元朝秘史』を出そうとしている。この史料を研究対象にしようとは、少しも考えていなかった。言語学者や歴史学者が扱うもので、私のような一介の考古学者の出る幕などないと思っていた。だが、フィールド調査のなかで、何度も岩村の書を読み返すたびに、しだいにこの史料に魅せられていった。チンギス・カンとその時代を、これほどまでに印象鮮やかに伝える史料は、ほかに見当たらない。やがて、いつか自分なりの『元朝秘史』を書きたいと思うようになった。モンゴルでの発掘調査と並行して、チンギス・カンの足跡を訪ねて中国や中央アジアにも旅を重ねた。

こうして出来上がった本書では、平易な文章で綴《つづ》り、内容の繰り返し箇所は省略し、忠実に翻訳するとかえって意味を解し難い部分は意訳するという岩村の方針（岩村訳本「あとがき」より）を踏襲し、現代風の口語体を用い、解説も嚙《か》み砕いた表現になるように心掛けた。また、原本やほかの訳書と見比べる際に簡便なように、原本十二巻に対応した章立てとしている。

あらかじめ申し添えておくが、本書は『元朝秘史』の翻訳ではない。筆者自身の意訳をベースにしつつ、歴史的、地理的情報を多分に交えた『元朝秘史』の解説書である。フィールドワークに基づく知見をふんだんに取り入れ、物語の背景を解説した点は、類書にはない新たな趣向と自負している。本書が、読者諸賢を『元朝秘史』の舞台へと誘《いざな》うガイドブックになれたら嬉《うれ》しい。

目次

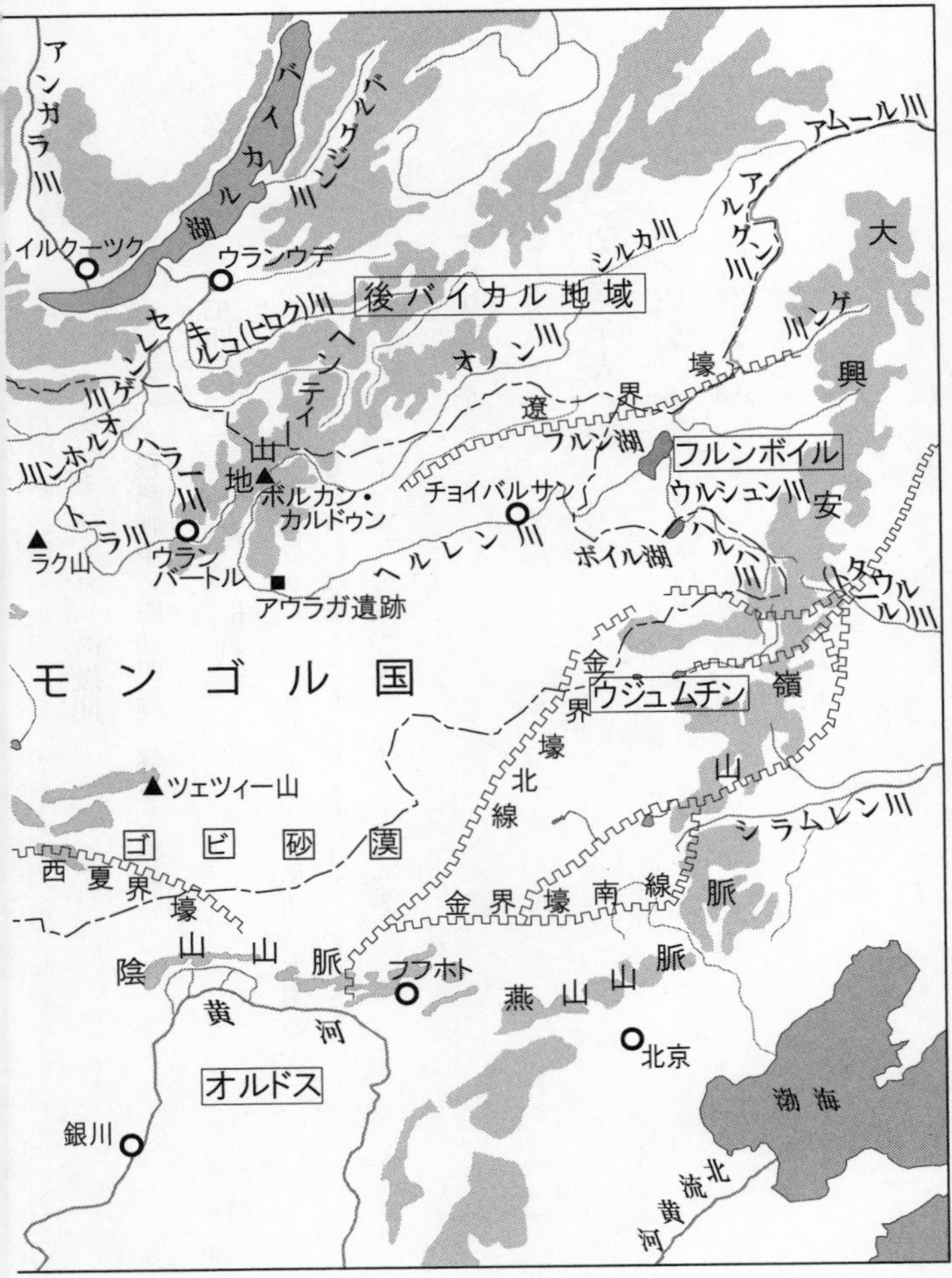

アンガラ川
バイカル湖
バルグジン川
アムール川
イルクーツク
ウランウデ
後バイカル地域
シルカ川
アルグン川
大
セレンゲ川
キルコ(ヒロク)川
ヘンティイ山地
オノン川
ハンゲ川
壕
興
遼
界
オルホン川
ハラー川
フルン湖
フルンボイル
ボルカン・カルドゥン
チョイバルサン
ウルシュン川
安
トーラ川
ウランバートル
ヘルレン川
ボイル湖
ハルハ川
ラク山
アウラガ遺跡
タウル川
モンゴル国
金界壕北線
ウジュムチン
嶺
山
ツェツィー山
ゴビ砂漠
シラムレン川
西夏界壕
金界壕南線
脈
陰山山脈
フフホト
燕山山脈
黄河
北京
オルドス
渤海
銀川
黄河北流

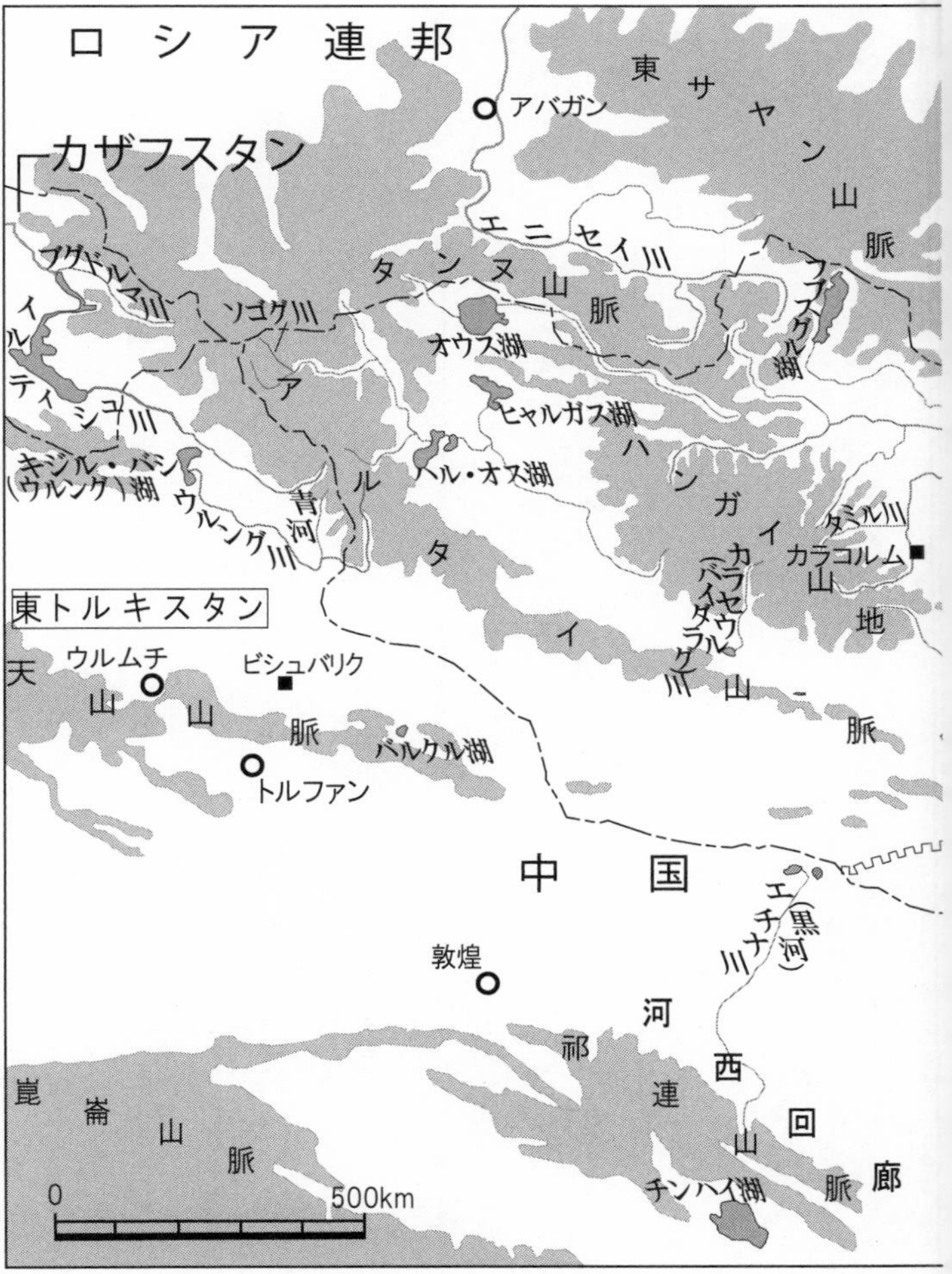
ロシア連邦
カザフスタン
アバガン
東サヤン山脈
エニセイ川
タンヌ山脈
フブスグル湖
ブグドルマ川
イルティシュ川
ソゴグ川
オウス湖
アルタイ山脈
ヒャルガス湖
キジル・バシ（ウルング）湖
ウルング川
青河
ハル・オス湖
ハンガイ山脈
タミル川
カラコルム
オルホン川
山地
バイダラグ川（セラウ）
東トルキスタン
ウルムチ
ビシュバリク
天山山脈
バルクル湖
トルファン
中国
エチナ川（黒河）
敦煌
河西回廊
祁連山脈
崑崙山脈
チンハイ湖
0
500km

チンギス・カンの一族の系図

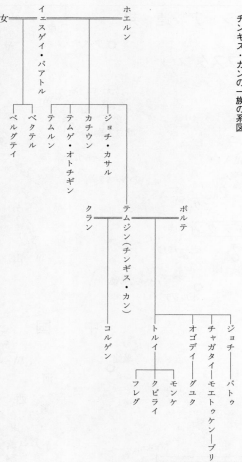

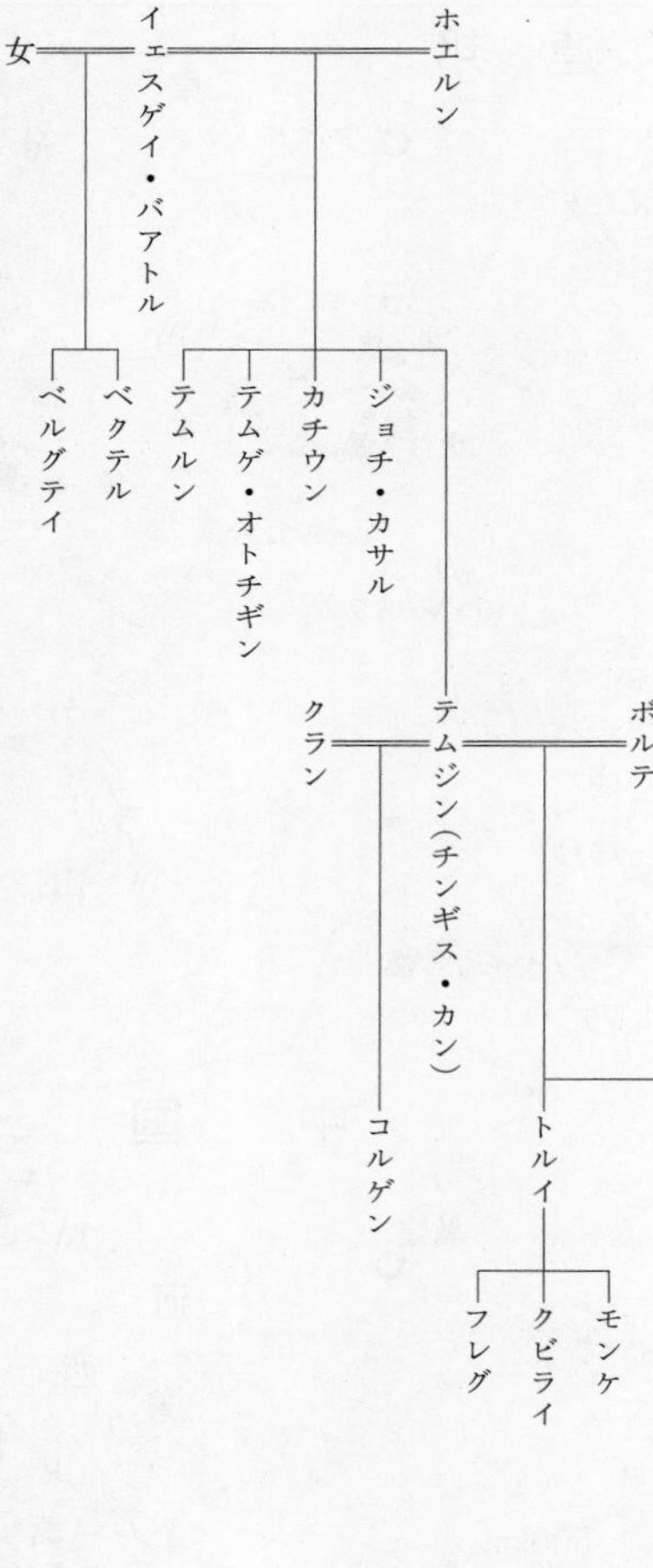

元朝秘史——チンギス・カンの一級史料

序　章　『元朝秘史』のかたち

物語の舞台

アジアのほぼ中央にモンゴル高原という高燥な大地が広がっている。西をアルタイ山脈、東を大興安嶺《だいこうあんれい》山脈にはさまれ、その面積は日本列島のおよそ七倍にもなる。高原とよばれるだけあり、ほとんどの地域で標高一〇〇〇メートルを超える。

内陸性の気候で気温の較差が大きい。夏は摂氏四〇度近くまで上昇し、冬は氷点下五〇度近くまで下降する場所もある。また、一日のなかでも昼と夜との差が三〇度近くになることも珍しくない。年平均気温は〇度前後と総じて冷涼である。

年間降水量は、おおむね三〇〇ミリメートル前後である。だが、モンゴル高原の南半に広がるゴビとよばれる礫漠《れきばく》地域では、五〇〜一〇〇ミリメートル程度と極度に乾燥している。降水は夏に多い。

厳しい寒暖差と乾燥は、植生に大きな影響を与えてきた。モンゴル高原は、東西方向に緯度に沿って帯状に連なる、三つの植生帯におおまかに分けられる。もっとも北には、カラマツ、トウヒ、モミなどの針葉樹で形成されている森林と草原がパッチ状に交じった森林ステップが広がる。中ほどには、ヨモギやイネの仲間が優占するステップがみられる。もっとも南は、灌木林《かんぼくりん》や草地もあちこちに存在する砂漠ステップとなっている。

寒冷で乾燥したモンゴル高原は、農耕に不向きであったが、豊かに広がる草地のおかげで家畜の飼育には適していた。この地に暮らす人々は、長らく牧畜をなりわいの中心に据えてきた。ただし、牧畜は、この地に自生したのではなく、西アジアから中央アジア経由で、およそ五〇〇〇年前の青銅器時代にモンゴル高原にもたらされたことが考古学的に明らかになっている。

モンゴル高原の牧畜は、羊、山羊《やぎ》、牛、馬、ラクダという五種類の家畜（五畜）をともない、遊牧という形態でおこなわれている。遊牧は、水や草を求めてあてもなくさまようのではない。四季それぞれの営地の間を一年かけて周回移動する。

寒冷な冬季には風雪を避けられる地にキャンプを営む。春になると家畜の出産と仔《こ》の育成のため、温暖で草の生育の早い場所に移動する。夏には、酷暑や虫害を避けるため、水が豊富で風通しの良い土地に移動する。秋には冬越しのため、家畜に十分な草を与えられる場所に移動する。年間の移動距離は数十キロから数百キロとさまざまである。

モンゴル高原のような厳しい自然環境のもとでは、わずかな気象変化が人間生活に大きな影響をもたらす。数十ミリメートルの降水量の減少で干魃《かんばつ》が起き、数センチメートルの積雪量の増加で、家畜が大量死する。このような気象変化に起因する災害をモンゴル人は「ゾド」とよび、古くから恐れてきた。

気候学者は、地球上の人間が日常の暮らしを営むことのできる地域のなかで、もっとも環境の厳しい場所としてモンゴル高原を挙げる。そして、そこを「極限環境」の地とよんでいる。

そうした土地にもかかわらず、モンゴル高原には、紀元前三世紀の匈奴《きょうど》をはじめとして、鮮卑《せんぴ》、柔然《じゅうぜん》、突厥《とっけつ》、ウイグルというように、つぎつぎと強力な王権が生まれた。そのメカニズムはいまだ解明されていないが、自然を克服しようとする遊牧民の活力に、謎を解き明かす鍵《かぎ》が隠されているように思える。

極限環境にあるモンゴル高原のなかでも、その東北部は、ことのほか寒冷で雪深い地域として知られる。そうしたなかで、八世紀ごろ、モンゴルという小集団が活動を始めた。

十二世紀末にテムジンというリーダーが頭角をあらわすと、周辺の諸部族をつぎつぎと従え、モンゴル高原の統一を成し遂げた。これまで安直に「モンゴル高原」と表現してきたが、このとき初めて真の意味で「モンゴル高原」になったのである。

一二〇六年、テムジンにチンギス・カンという尊号が奉《たてまつ》られ、それを契機としてイェケ・モンゴル・ウルスが成立した。モンゴル語で「イェケ」は〝大きい〟、「ウルス」は〝人々の集まり〟あるいは〝国〟で、〝大モンゴル国〟といった意味である。一般的には「モンゴル帝国」という呼称のほうが浸透している。

チンギス・カンは、中国北部から中央アジアの広大な地域を支配下に置き、モンゴル帝国の基礎を固めると、一二二七年に世を去った。つづく君主の地位は、オゴデイ、グユク、モンケの三代に受け継がれた。そのあいだにモンゴル帝国は、西は地中海から東は太平洋に至

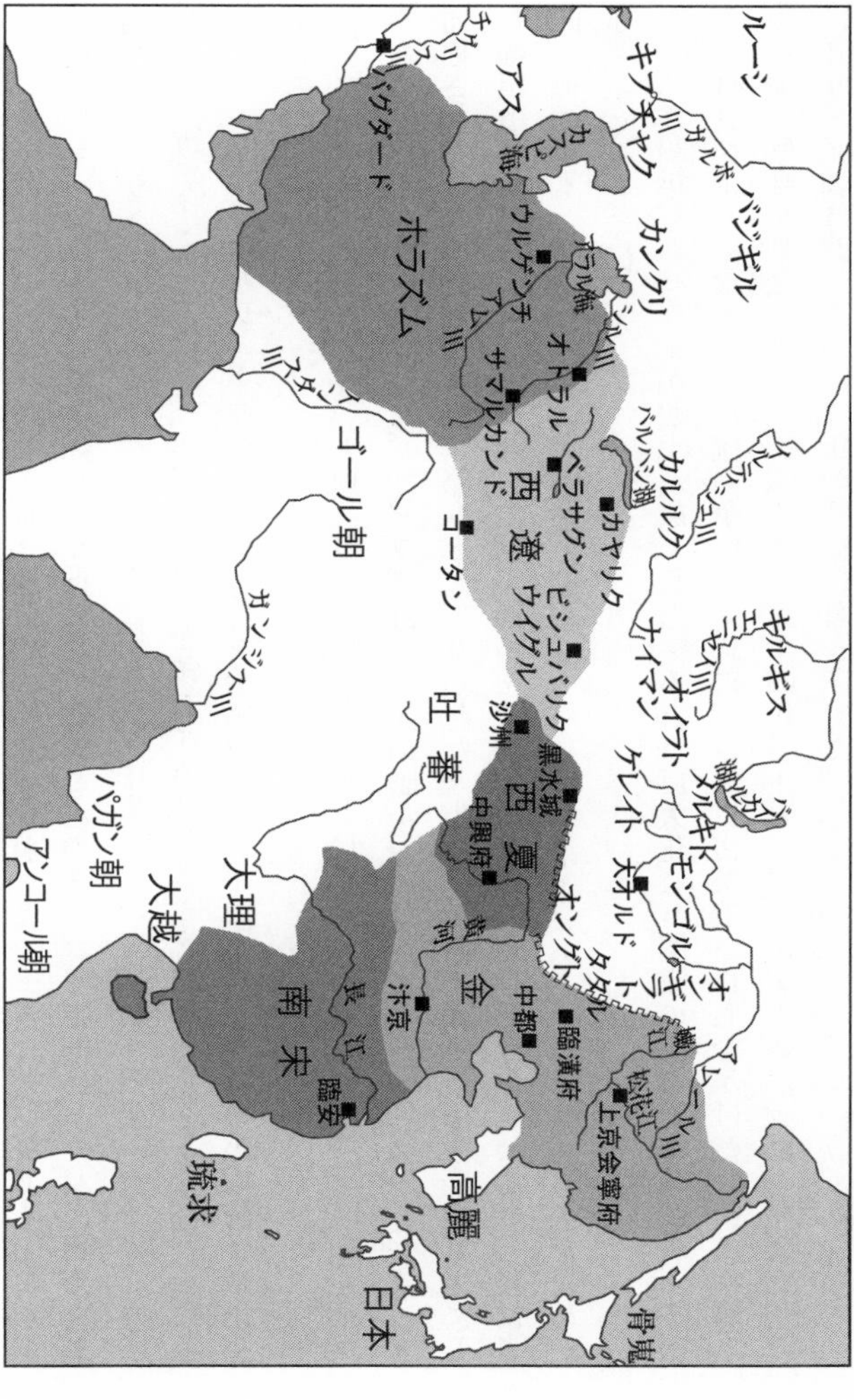

図1　13世紀初めごろのアジア

る空前の巨大国家になった。

一二六〇年、チンギス・カンの孫で第五代君主の座に就いたクビライは、拠点をゴビ砂漠以南に移し、中国本土の直接経営を見据えた。そのころのモンゴル帝国は、ロシア平原を領有するジョチ・ウルス（キプチャク・カン国とも）、中央アジアを領有するチャガタイ・ウルス（チャガタイ・カン国とも）、西南アジアを領有するフレグ・ウルス（イル・カン国とも）と、モンゴル高原を含む東ユーラシアの大陸部を治めたクビライ領とが、ゆるやかに統合した連邦になっていた。

一二七一年、クビライは、大都《だいと》（現在の北京《ペキン》市）を中心として、みずからの領地を大元ウルス（以下「元朝」）と称した。クビライは、数々の戦役を勝利に導き、蒙古《もうこ》襲来（元寇《げんこう》）と通称される日本遠征を企てた軍略家として知られた一方で、紙幣の通用と塩専売をもとにした経済改革を断行し、海上交通も含む交通路を整備して東西交易を活性化させるなど経営者的な側面ももっていた。元朝の空前の繁栄は、マルコ・ポーロの『東方見聞録』（『世界の記述』）がくわしく伝える。

一二九四年、クビライが七十八歳で長逝すると、巨大化した国家の至るところに軋《きし》みや歪《ゆが》みが目立つようになった。皇統の争いや失政に、自然災害が追い打ちをかけた。民は疲弊して各地で反乱が勃発《ぼっぱつ》した。一三六八年、第十四代君主のトゴン・テムルが大都を放棄して北に奔《はし》り、元朝はおよそ一〇〇年の歴史に幕を閉じた。

語学テキスト

代わって大都に進駐してきた漢民族政権の明朝《みんちょう》は、大都を北平《ほくへい》と改めた。北平に残された元朝の宮殿には、慌ただしく退去したようすを物語るように、旧政権の用いた品々が置き去りになっていた。さまざまな典籍類もあり、そのなかにモンゴル語で綴られた異彩を放つ一冊があった。

その書籍には、モンゴル部族の祖先伝承、チンギス・カン（テムジン）の生い立ち、モンゴル高原の統一とモンゴル帝国成立の経緯、さらに金《きん》、西夏《せいか》、中央アジアで繰り広げられた征服戦争の一部始終などが綴られていた。それまで秘匿されていた元朝の祖宗《そそう》興隆のようすを生々しく伝えるこの書籍は、明朝の史官の関心を惹《ひ》くところとなり、『元朝秘史』と名づけられた。

明朝の史官は、『元朝秘史』をモンゴル語学習のための教材にしようと考えた。産声をあげたばかりの明朝にとって、いまだモンゴル高原で勢力を保っていた旧政権の残党との交渉はきわめて重要で、実務に当たるモンゴル語に通じた人材の養成が急務であった。

こうして語学テキストとなったことで、『元朝秘史』は、つぎに掲げたような一見風変わりな体裁を採ることになった。

元朝秘史巻一 忙中豁侖紐察脱察安

成吉思合罕訥忽札兀兒
名 皇帝的 根源

迭額舌列騰格舌理額扯 札牙阿禿 脱舌列克先孛兒帖赤那阿主兀
上 天 処 命有的 生了的 蒼色 狼 有

格兒該亦訥 中豁埃馬舌闌勒阿只埃 騰汲思客禿勒周亦舌列罷
妻 他的 惨白色 鹿 有来 水名 渡着 来了

斡難沐舌漣訥帖舌里兀捏 不峏罕哈勒敦納 嫩禿黒剌周
河名 河的 源 行 山名 行 営盤做着

脱舌列克先 巴塔赤罕阿主兀
生了的 人名 有来

当初元朝的人祖是天生一箇蒼色的狼。與一箇惨白色的鹿相配了。同渡過騰吉思名字的水。来到於斡難名字的河源頭。不児罕名字的山前住着。産了一箇人名字喚作巴塔赤罕。

いささか内容が煩瑣《はんさ》になるが、『秘史』の実像を知ってもらうため、体裁の解説に紙幅をとりたい。

一行目の「元朝秘史」は、いうまでもなく書名である。『元朝秘史』は全一二巻から成り立っていて、「巻二」とは、その第一巻ということを意味する。

その下の細かい文字で記された「忙中豁侖紐察脱察安」（「脱察安」に小字の脱字あり。正しくは「脱卜察安」）は、通常の漢文や中国語の知識では読み解けない。漢字の音を借りてモンゴル語を表記しているからである。研究者はこうしたものを「漢字音写モンゴル語」とよぶ。わが国の『万葉集』で用いられた万葉仮名を思い浮かべれば理解しやすいと思う。当該部分は「モンゴリン・ニウチャ・トブチアン Mongqol-un niuča to[b]ča'an」というモンゴル語で、意味は「モンゴルの秘められた書」である。

当時の明朝では、『華夷訳語《かいやくご》』という漢語と周辺異民族の言語との対訳辞書が編纂《へんさん》されていた。『華夷訳語』では、異なる言語をきわめて厳密に漢字で音写する方式が採られていた。『元朝秘史』の漢字音写モンゴル語にも、この方式との共通点がみられる。

二〜六行目の「成吉思合罕訥忽札兀兒……脱舌列克先　巴塔赤罕阿主兀」が本文である。

行頭の「成吉思合罕 Činggis_qahan」は、チンギス・カハンと読める。「合罕 qahan」は君主の称号で、ほかの文献ではハン、カガン、カアン、ハーンなどともあらわれ、いささか紛らわしい。諸説あるが、「カン（罕または汗）」は王や部族長の意で、「カガン（合罕または可汗）」は唯一無二の皇帝の意である。言語学の成果を参照すると、時代が下るにつれて、カンが軟音化してハンに、また、カガンがカアンになり、さらにハーンと変化したという。十三世紀当時の発音は、カン、カアンであったと復元されている。

『元朝秘史』の本文では「カアン qa'ǎn」ではなく「カハン qahan」が使われている。おそらく原文のモンゴル語ではカアンと記されていた。その漢字音写には通常の「合安 qa'ǎn」ではなく、皇帝にふさわしい威厳ある漢字「罕」をあてたため、カハン（合罕 qahan）になったとみられている。

なお、本書では、特別の場合を除き「チンギス・カン」と表記する。『元朝秘史』本文に従い「チンギス・カアン（カハン）」とよぶべきかもしれないが、当時のほかの文字資料によると、どうやら生前の彼は、カアンではなくカンとよばれていたらしい。彼の実像を伝えるという理由で「カン」にこだわりたい。

さて、漢字音写モンゴル語ではあらわせないモンゴル語の発音もあった。三行目中ほどの「脱舌列克先（töreksen ＝生まれた）」がそれにあたる。そうした問題点は、じつに巧みな方法で克服されている。

たとえば、舌の震え音[r]をもつ[re]をあらわしたいとき、「列 le」の左肩に「舌」の小文字を付け「舌列 re」という形を用いた。また、漢字に少ない語末子音を補うために、「列」の右下に「克 k」の小文字を付け「舌列克 rek」としている。

別の例を示すと、後部軟口蓋《なんこうがい》閉鎖音[q]は「中」、語末子音[l]は「勒」という文字を使って、四行目上半にみえる「中豁埃馬舌闌勒 Qo'ai_mara(n)l」というようにあらわした。ちなみにこれは〝白き牝鹿（コアイ・マラル）〟という意味である。

漢字音写モンゴル語の本文部分の右脇《みぎわき》に、単語ごとに小さい文字で漢語訳が付されている。これを「傍訳」という。たとえば、三行目の下半にある「孛兒帖 borte」には「蒼色」、「赤那 čino」には「狼」と傍訳が付されている。つまり〝蒼き狼（ボルテ・チノ）〟をあらわす。

七行目以下の「当初元朝的人祖……着産了一箇人名字喚作巴塔赤罕」は、本文を漢語の口語体で意訳したもので「総訳《そうやく》」とよばれている。漢語、すなわち中国語で書かれてはいるが、明代初期の中国語は、こんにち通用しているものとはだいぶ異なる。『元朝秘史』は、中国語の歴史を知る上でも重要な史料になっている。

『元朝秘史』では、傍訳を付した漢字音写モンゴル語の本文と、その末尾に置かれた総訳とでひとつのセットとなる。これを「節《せつ》」という。

『元朝秘史』の全文は、テキスト用として区切りのよいところで便宜的に二八二の節に分けられ、正集十巻、続集二巻の計一二巻にまとめられた。これを「十二巻本」という。その成立時期は、『華夷訳語』が完成した一三八九年ごろと考えられている。

そののち、『元朝秘史』は『永楽大典《えいらくたいてん》』に収められることになった。『永楽大典』とは、明の永楽帝（明朝第三代、在位一四〇二～二四年）が国家の威信をかけて編纂した類書、いわば大百科事典のことで、一四〇八年に成立した。そのさい十二巻本は一五巻に再編集された。これを「十五巻本」という。

十五巻本には欠落や前後の入れ替わりがみられるので、こんにちの研究には、十二巻本のほうが広く用いられている。十二巻本は、中華民国期（一九一二〜四九年）に刊行された影印（書籍を写真に撮り、複製すること）の漢籍叢書『四部叢刊』に収められたことで、比較的接しやすい。ただ、十二巻本にも誤記が少なくないことから、研究者は比較対照のために十五巻本も利用している。

謎多き書

元朝宮廷に秘蔵されていた『元朝秘史』の原本は、いまでは失われてしまっている。ただ、モンゴル語で書かれていたことは確かである。そのころモンゴル語を書きあらわすには、ウイグル式モンゴル文字かパスパ文字が使われていた。

一二〇四年、モンゴル高原西部にいたナイマン部族の重臣で、ウイグル部族出身のタタトンガ(塔塔統阿)がウイグル文字をチンギス・カンに伝えたとされる。それを使ってモンゴル語をあらわしたものが「ウイグル式モンゴル文字」である。この文字は、こんにちでも中国内《うち》モンゴルとモンゴル国で通用している(一五八頁参照)。

一方でパスパ文字は、チベット僧のパスパがチベット文字から作り上げた元朝の公用文字である。一二六九年にクビライによって公布された。公文書以外にはあまり普及せず、元朝滅亡後は、十七世紀に印章に用いられたことを最後に歴史から姿を消した。

どちらの文字で『元朝秘史』の原本が書かれていたか、長年議論されてきた。こんにちでは、ウイグル式モンゴル文字でしか起こり得ない書きちがいが少なからず存在することから、ウイグル式モンゴル文字説が有力となっている。

そうした『秘史』の原本には、いかなる題名が付けられていたのか、わかっていない。『元朝秘史』という書名は、漢訳されたときに付けられたもので、いうまでもなく原題ではない。

比較的多数の研究者は、巻一の一行目下部にある「忙中豁侖紐察脱察安（Mongqol-un niuča to[b]ča'an）」を原題と考えている。和訳すれば「モンゴルの秘められた書」となる。ただ、原題として当初から書かれていたのならば、ここにも傍訳が付されているはずだと否定的な意見もある。

ほかに、二行目の「成吉思合罕訥忽札兀兒（Činggis_qahan-nu huǰa'ur）」を原題とする説もある（「合罕」に小字の脱字あり。正しくは「中合罕」）。和訳すれば「チンギス・カアンの根源」となる。だが、当該部分は独立した句ではなく、三行目に続く「成吉思合罕訥忽札兀兒　迭額舌列騰格舌理額扯　札牙阿禿脱舌列克先孛兒帖赤那阿主兀（チンギス・カアンの根源は、上なる天よりの命運をもって生まれたボルテ・チノであった）」という一文の主語とする見方もある。

図2　ウイグル式モンゴル文字（右）とパスパ文字（左）　ともに「モンゴル」と書いてある

このように議論がまとまらないため、『元朝秘史』の名で通用してはいる。しかしながら、記された内容が一二七一年の元朝成立以前にもかかわらず、題名に「元朝」の文字が入ることには、いささかの抵抗感を禁じ得ない。先学の業績のなかには、『成吉思汗《ジンギスカン》実録』（那珂通世《なかみちよ》）、『モンゴル秘史』（村上正二《むらかみまさつぐ》）というように改題した例もある。ちなみに、英訳は The Secret History of Mongols（モンゴル部族の秘密の歴史）で、現在モンゴルで通用しているキリル文字モンゴル語では Монголын нууц товчоо（モンゴルの秘められた書）である。

ところで、『元朝秘史』の記述をみると、全般的に間接話法により淡々と叙述されているが、話題が山場を迎えると韻文の直接話法へと一変している。これは『秘史』が読み上げられていたことの証左とされる。少なくとも巻一に収録されている遠い祖先の事績は、口承による伝説が基礎になっていた。随所にちりばめられた韻文は、聞き手の心を揺さぶったにちがいない。

『元朝秘史』にみられる韻文は、文頭の音を揃《そろ》える頭韻を特徴とする。本文中には長めの韻文もあるが、煩雑になるので短い例を紹介しよう。テムジン（チンギス・カンの幼名）がのちに妻となるボルテと出会うシーン（三八頁）で、ボルテの父ディ・セチェンがテムジンの利発なようすを褒め、

你敦禿舌里顔中合勒禿（nidün-tür-iyen qaltu　目に火あり）

你兀児禿舌里顔格舌列禿（ni'ur-tur-iyan geretü　面に光あり）

という。この場合「你 ni」が頭韻となる。

余談であるが、「目に火あり、面に光あり」は、『元朝秘史』を最初に邦訳した那珂通世に拠った。那珂自身の言によると、「面」は顔でもよかったが、「目 me」と頭韻を踏むために「面 men」にしたという。場面にふさわしい日本語の一言一句にまでこだわり抜いた、まさに名訳である。

つぎに、テムジンが異母弟ベクテルと喧嘩《けんか》したとき、母ホエルンがテムジンを諫《いさ》めて

薛兀迭舌列徹不速那可児兀該（se'üder-eče busu nökör ügei　影より外《ほか》に伴《とも》なし）
薛温額徹不速赤出阿兀該（se'ül-eče busu čiču'a ügei　尾より外に鞭《むち》なし）

という場面がある（四四頁）。これも邦文は那珂訳に拠った。この場合は「薛 se」が頭韻となる。先の例もそうであるが、さらに韻文の箇所は対句として整えられ、リズミカルな音調を読み手あるいは聞き手に与える。

これも余談であるが、こんにちのモンゴルの人々が口ずさむポピュラー音楽も、その歌詞に頭韻を踏むものが多い。八〇〇年の時を超えてもモンゴルに暮らす人々の感受性は変わら

ないようである。

さて、原本というべきウイグル式モンゴル文字で書かれた『元朝秘史』は、いつ成立したのであろうか。研究者の関心をもっとも集めた考究テーマで、これまでに一二二八年、一二四〇年、一二五二年、一二六四年、一三二四年といった諸説が提示されてきた。それらの当否が長年議論されてきたが、いまだ決着をみていない。

諸説のいずれも奥書《おくがき》（作成や書写の経緯を述べた巻末の付記）にあたる二八二節を根拠としている。何が書かれているのか、明初の漢語で書かれた総訳を示そう。

此書大聚会着。鼠児年七月。於客魯漣河。闊迭額阿舌刺勒地面処下時。写畢了。

この意味は、王侯貴族が国家の重要事項を話し合うイェケ・クリルタ（大聚会《だいしゅうかい》）が招集され、ネズミ歳《どし》（「鼠児年」）の七月に、ヘルレン（客魯漣）川のコデエ・アラル（闊迭額阿舌刺勒）という場所にいたときに（『元朝秘史』を）書き上げた、となる。

ネズミ歳、すなわち十二支の子年《ねどし》に書かれたと明記され、問題は容易に解決しそうであるが、じつはこの子年が厄介なのである。チンギス・カンの治世にさかのぼっても、子年にコデエ・アラルでイェケ・クリルタが開かれたことは一度もない（二三七頁参照）。

ただし、一二二八年（戊子《ぼし》）の翌年、一二五二年（壬子《じんし》）の前年、一三二四年（甲子《かっし》）の前年には、君主の即位にともなうイェケ・クリルタがコデエ・アラルで開催されている。『元朝秘史』の執筆者が会場に先乗りした、あるいは残留していたと考えることで、辻褄《つじつま》を合わせようとする研究者もいる。

『秘史』のうち、正集十巻（一〜二四六節）にはチンギスの生い立ちが書かれ、続集二巻（二四七〜二八一節）は、チンギスの四男トルイの活躍を暗に称賛する内容になっている。このことを踏まえて、正集十巻と奥書がチンギスの死の翌年の一二二八年に成立し、続集二巻がトルイの嫡子モンケの即位（一二五一年）に合わせて一二五二年に書き加えられ、正集十巻と奥書の間に挿入されたとする説が、こんにちでは有力視されている。

しかしながら、それでは説明できない点も多々ある。たとえば、二四七節にチンギス軍に襲われた宣徳府《せんとくふ》という地名が出てくる（一九七頁）。そこはモンゴル高原と中都《ちゅうと》（現在の北京市）を結ぶ幹線上にある金朝の要衝で、チンギス期には宣徳州とよばれ、宣徳府になったのは一二六三年のことであった。また、同節にみえる東昌城《とうしょうじょう》も一二七六年に山東《さんとう》に設置された東昌路に由来するとされる。さらに、二七四節に出てくるジャライルタイ箭筒士《せんとうし》による高《こう》麗《らい》遠征の記述は、一二五四〜五九年のことであったと『高麗史』との照合から明らかになっている。これらの評価の仕方によって、『元朝秘史』の成立年は大きく変わり得る。

魅せられた人々

すでに述べたように、私たちが目にする『元朝秘史』は、モンゴル語を習得するためのテキストとして誕生した。そのために採用された独特な記述様式が、中世のモンゴル語および中国語を研究する言語学者にとって、きわめて有益な情報を与えてくれる。

また、『元朝秘史』は、一級の歴史史料という側面をもっている。モンゴル帝国史研究の基本史料とされる、一三一〇年ごろに編まれたペルシア語の歴史書『集史《しゅうし》』や、一三七〇年に成った漢文正史『元史《げんし》』にはみられない、モンゴル帝国の草創期の興味深いエピソードを伝えている。出来事の前後の入れ替わりや経緯の改竄《かいざん》なども散見できるが、そうであっても『秘史』からしか得られない情報は数多くある。

さらに『元朝秘史』には、モンゴル遊牧民の叙事文学という側面もある。多様な登場人物の個性を、飾らない表現でありながら見事な筆致で描き分けている。チンギス・カンの過ちや弱さを包み隠さず伝えていて、単なる英雄譚《えいゆうたん》の枠にとどまらない。ドイツの『ニーベルンゲンの歌』やわが国の『平家物語』にも勝るとも劣らない中世文学の傑作といえる。

こうした多面的な魅力をもつ『元朝秘史』が注目を浴びるようになったのは、清朝《しんちょう》期のことで、蔵書家や考証学者の注意を惹《ひ》いた。ロシア正教会から北京に派遣されていた掌院《しょういん》パルラディ（掌院は、正教会で高位の修道司祭）こと、ピョートル・カファロフ（一八一七～七八年）もそうした一人で、総訳部分だけをロシア語に翻訳し、一八六六年に出版した。このとき初めて『秘史』の存在が世界に知られることになった。

漢字音写モンゴル語の本文を含めて全体的な翻訳を世界で初めて成し遂げたのは、東京高等師範学校（筑波大学の前身）などで教鞭《きょうべん》を執り、わが国に東洋史という学問分野を開拓した那珂通世（一八五一〜一九〇八年）であった。

那珂は、従来の古風で儒教的色彩の強い歴史観を改め、欧米流の客観的で科学的な実証主義に基づいた中国史の概説『支那通史《しなつうし》』を執筆したことで知られる。古代から宋代《そうだい》へと筆を進めるなかで、モンゴルの歴史を正しく理解しなければ、元朝について記すことができないと考え、東西の史料を渉猟していたときに『元朝秘史』の存在を知った。

同郷で旧知の歴史学者の内藤湖南《ないとうこなん》（一八六六〜一九三四年）を通じて中国から『秘史』の写本を取り寄せ、齢《よわい》五十にして一からモンゴル語を習得し、三年の歳月を費やして詳細な注釈を付した翻訳を完成させた。一九〇七年に『成吉思汗実録』と題して上梓されたその偉業は、いまなお色褪《いろあ》せることがない。

それ以降、『元朝秘史』は、言語学、文学、歴史学といった学問の枠組みはもちろん、国境や人種を超えて、研究者たちを魅了し続けている。その代表としてフランスのポール・ペリオ、ドイツのエリッヒ・ヘーニシュ、ベルギーのアントワーヌ・モスタールト、ロシアのセルゲイ・コージン、アメリカのフランシス・クリーブス、ハンガリーのラヨシュ・リゲティ、オーストラリア（イタリア出身）のイゴール・デ・ラケヴィルツといった錚々《そうそう》たる碩学の名前が挙がる。また、モンゴル国のツェンド・ダムディンスレン、中国内モンゴルのバヤル、イギリスなどで活躍したウルグンゲ・オノンなどのモンゴル人研究者も忘れてはならない。

わが国でも那珂通世につづき、白鳥庫吉《しらとりくらきち》（一八六五～一九四二年）、植村清二《うえむらせいじ》（一九〇一～八七年）、小林高四郎《こばやしたかしろう》（一九〇五～八七年）、村上正二（一九一三～九九年）、小澤重男《おざわしげお》（一九二六～二〇一七年）ほかが世界的に高い評価の研究や訳注をおこなった。

このように世界に広がりをみせる『元朝秘史』を中心に据えた学術分野を、国際モンゴル学会の会長を務めた小澤重男は「元朝秘史学」とよんだ。わが国は「元朝秘史学」を先導する役割を果たしてきたといえる。

第1章　目に火あり、面に光あり

――チンギス・カンの系譜

巻一（一～六八節）は、モンゴル部族の神話的な族祖伝説から書き起こされる。部族の勢力拡大に大きな役割を果たした祖先たちの事績が、〝五本の矢〟といった挿話を交えて物語られる。それに続くチンギス・カンの生い立ちは、父イェスゲイによる母ホエルンの略奪という劇的な場面から始まる。テムジン（チンギス・カン）が誕生し、弟妹も増え、やがてボルテとの縁談が決まるなど、一家の幸せなようすが綴られる。ところが、敵対するタタル部族によるイェスゲイの毒殺という悲劇が、テムジンを襲う。

蒼き狼と黄白の人

チンギス・カンの一代記は、ボルテ・チノ（蒼き狼）とコアイ・マラル（白き牝鹿）という霊妙な名前をもった人物の登場で、印象的に幕を開ける。

「天の命により生まれたボルテ・チノがいた。その妻はコアイ・マラルといった。大湖を渡り、オノン川の源のボルカン・カルドゥンの牧地にやってきて、そこに住むうちにバタチカンが生まれた」

オノン川はモンゴル高原東北部に発し、東北に流れてアムール川に流れ込む。オノン川の源があるヘンティー山地は、「ボルカン・カルドゥン（聖なる山）」ともよばれて、古来モンゴル民族の信仰の対象になってきた。近年では主峰ヘンティー・ハーン山（標高二三六二メートル。五四頁、図11）だけをボルカン・カルドゥンとみなす傾向が強い。山頂にモンゴル人が信仰の対象とするオボー（山頂や峠に造られた円錐状《えんすいじょう》の石積《いしつみ》）に似た高まりがあることや、雪を年中頂いている神々《こうごう》しい姿が、人々の心を惹きつけてきた。ちなみに、この山頂の石積は、周氷河《しゅうひょうが》作用という自然の営力で生じたとされる。

ヘンティー・ハーン山周辺は、カラマツやヤナギから成る奥深い森林が広がり、大部分は牧地には適さない。有史以来、人跡が乏しい場所と、考古学から明らかになっている。ここを住処《すみか》としたというのは虚構で、聖山と絡めて神秘性を演出したのであろう。

ボルテ・チノとコアイ・マラルは、十四世紀初頭にフレグ・ウルスの宰相ラシード・アッディーンによって編まれたペルシア語の史書『集史』にも、『元朝秘史』とは異なるかたちで登場する。トルコ系部族の迫害から逃れた二人は、エルグネ・クンという山間《やまあい》の狭い土地にたどり着いた。子孫たちの代になると人口が増え、土地が狭くなった。そこで子孫たちは、周囲を塞《ふさ》ぐ鉄山を溶かして隙間《すきま》から脱し、モンゴル高原各地へと住地を広げていったという。

エルグネ・クンは、大興安嶺山脈の西北麓《せいほくろく》を流れるアルグン川流域と考えられている。そこは伝説の通り狭隘《きょうあい》な地となっている。八世紀ごろの同地のようすを伝える中国の史書『旧唐書《くとうじょ》』によると、アルグン川流域には、モンゴル部族の祖先とみられる蒙兀室韋《もうこつしつい》というグループが住んでいたとある。

アルグン川流域には、一千年紀（一世紀から十世紀までの千年間）の初頭ごろから鮮卑《せんぴ》といわれる集団が暮らしていたと、これまでの考古学調査でわかっている。彼らの葬制は、北方向に頭を向け、身体《からだ》を伸ばして仰向《あおむ》けに遺体を安置する北頭位《きたとうい》仰臥伸展葬《ぎょうがしんてんそう》を特徴としていた。ところが六世紀ごろ、西からトルコ系の集団が流入してきた。彼らの葬制は、東方向に頭を向け、身体を横向きにして脚を曲げた、側身屈肢の姿勢で遺体を安置し、傍らに馬や馬具を副葬することを特徴としていた（終章で詳述）。ちょうどそのころから、見晴らしの良い高台に、空堀《からぼり》や石塁をめぐらした防御施設が築かれるとともに、鏃《やじり》などの武器の出土が目立つようになった。移入者と在地集団の間で、武力紛争が発生したと想定できる。

やがて、当地方の墓の構造や副葬品に、両者の相互の影響がみられるようになった。紛争だけでなく交易などの交流を通じて、新たな文化が形成され始めた。

『元朝秘史』を読み進めよう。

ボルテ・チノとコアイ・マラルの間に生まれたバタチカンの子孫は、

バタチカン―タマチャ―コリチャル―アウジャン・ボロウル―サリ・カチャウ―イェケ・ニドン―セム・ソチ―カルチュ―ボルジギダイ―トロゴルジン

と続く。彼らについては、とくに事績は記されていない。『古事記』『日本書紀』にみられる、事績のない「欠史《けっし》八代」といわれる初期の天皇のように、古く長い血脈を偽作することで、君主の権威を高めようとしたとみられる。

トロゴルジンにはドブン・メルゲンという子ができた。ドブン・メルゲンはボルカン・カルドゥンの麓《ふもと》でアラン・コアという女性と出会う。彼女はバイカル湖地方の出身で、父母とともに狩りの獲物を求めてオノン川の源に移り住んでいた。ドブン・メルゲンはアラン・コアを娶《めと》り、ブグヌテイとベルグヌテイという二人の子をもうけた。

やがてドブン・メルゲンが亡くなる。寡婦《かふ》であるにもかかわらず、アラン・コアからブグ・カタギ、ブカト・サルジ、ボドンチャルが生まれた。ブグヌテイとベルグヌテイは三人の弟たちの誕生を訝《いぶか》しがり、誰《だれ》が父親なのかを詮索《せんさく》した。

察したアラン・コアは、五人の子を座らせ、一人に一本ずつ矢を渡して、折るように命じた。一人ひとりが簡単に折るのを見届けると、つぎに五本の矢を束ねて渡し、折るように命じた。こんどは誰も折れなかった。それをみてアラン・コアは、

図3　モンゴル部族草創期の系図①（村上正二訳注『モンゴル秘史』1を一部改変）

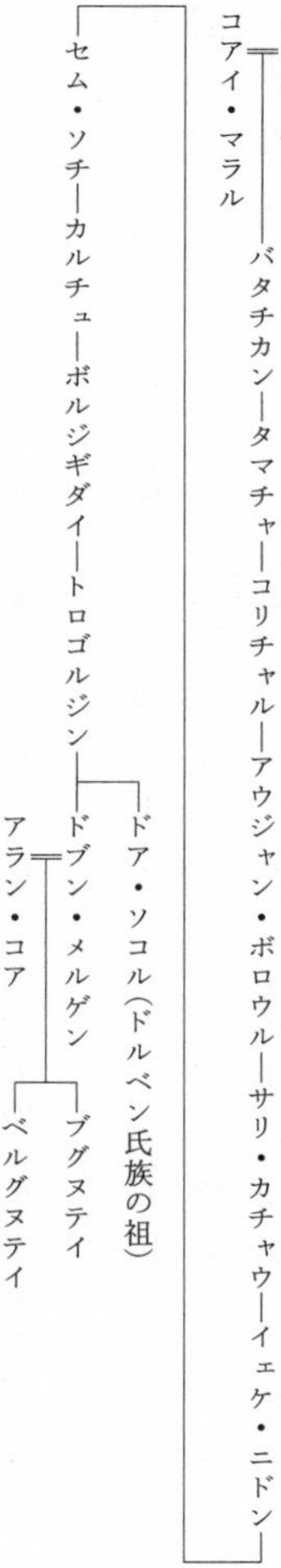

「ベルグヌテイ、ブグヌテイよ。あなたたちは、私がこの三人の子を生んだので、誰の、どのような子だろうと疑っているようですが、そう思うのも、もっともなことです。じつは、夜ごとに黄白《きじろ》く光を放つ人が、ゲル（可動式ドーム型テント）の天窓、戸口の上窓の明るい部分の光に乗って入ってきて、私の腹をさすったのです。その光は腹のなかに染み透っていきました。出て行くときには、日月《じつげつ》の光に沿って黄色の犬のように這《は》い出ていきました。軽はずみなことを口にしてはいけません。思うに、この子たちは天の御子《みこ》なのです。世間がいうようなことを語ってはいけません。この子たちが君主となったとき、下々の者も覚《さと》ることでしょう」

といい、五人の子に、束ねた五本の矢のようにみなで団結すれば、誰であろうと容易に負かされることはない、と諭した。

〝黄白く光を放つ人〟とは神の化身であろう。〝日月《じつげつ》の精〟といったようなものか。もちろん実話ではない。もともとはモンゴル部族という集団は存在していなかった。おそらく一千年紀の中ごろに、モンゴル語の祖型の言葉を話し、大興安嶺山脈からバイカル湖にかけて暮らしていた大小の父系的血縁から成る氏族が、戦乱のなかで糾合したり、物欲で野合したりして、擬制的な同族関係をもつ大集団へと成長した。それがモンゴル部族であった（部族は氏族が連合した集団、二四二頁を参照）。そのため、帰属していた氏族同士の結びつきは弱かった。そこで共通する精神的拠り所を創作し、各氏族の始祖を部族長の家系と連結することで、同族意識を演出し、強固な紐帯《ちゅうたい》を形成したのであろう。

『集史』によると、アラン・コアが受胎した子孫は、「ニルン」とよばれてモンゴル部族のなかで上位に位置づけられた一方で、エルグネ・クン（二五頁）で形成された集団の子孫は「ダルラキン（ドルルギン）」とよばれ、ニルンに支配される側となった。ブグ・カタギはカタギン氏族、ブカト・サルジはサルジウト氏族というニルンに属する氏族の祖となった。ニルンの頂点に立ったのはボドンチャルを族祖とするボルジギン氏族で、モンゴル部族を統《す》べる指導者を数多く輩出した。チンギス・カンもその一人である。

そうならば、チンギス・カンは〝黄白く光を放つ人〟の姿をした日月の精の子孫で、〝蒼き狼〟ボルテ・チノとは無関係ということになる。

神話から史実へ

『元朝秘史』が伝えるボルジギン氏族の系譜は、

ボドンチャル―カビチ・バアトル―メネン・トドン―カチ・クルグ―カイドゥ

とつながる。彼らそれぞれの子孫からは、さらに新たな氏族が枝分かれして、モンゴル部族は勢力を拡大していった。

カイドゥという人物について、『元朝秘史』では多くが語られていないが、『集史』と『元史』は詳しく触れている。両書の当該部分を要約すると、以下のようになる。

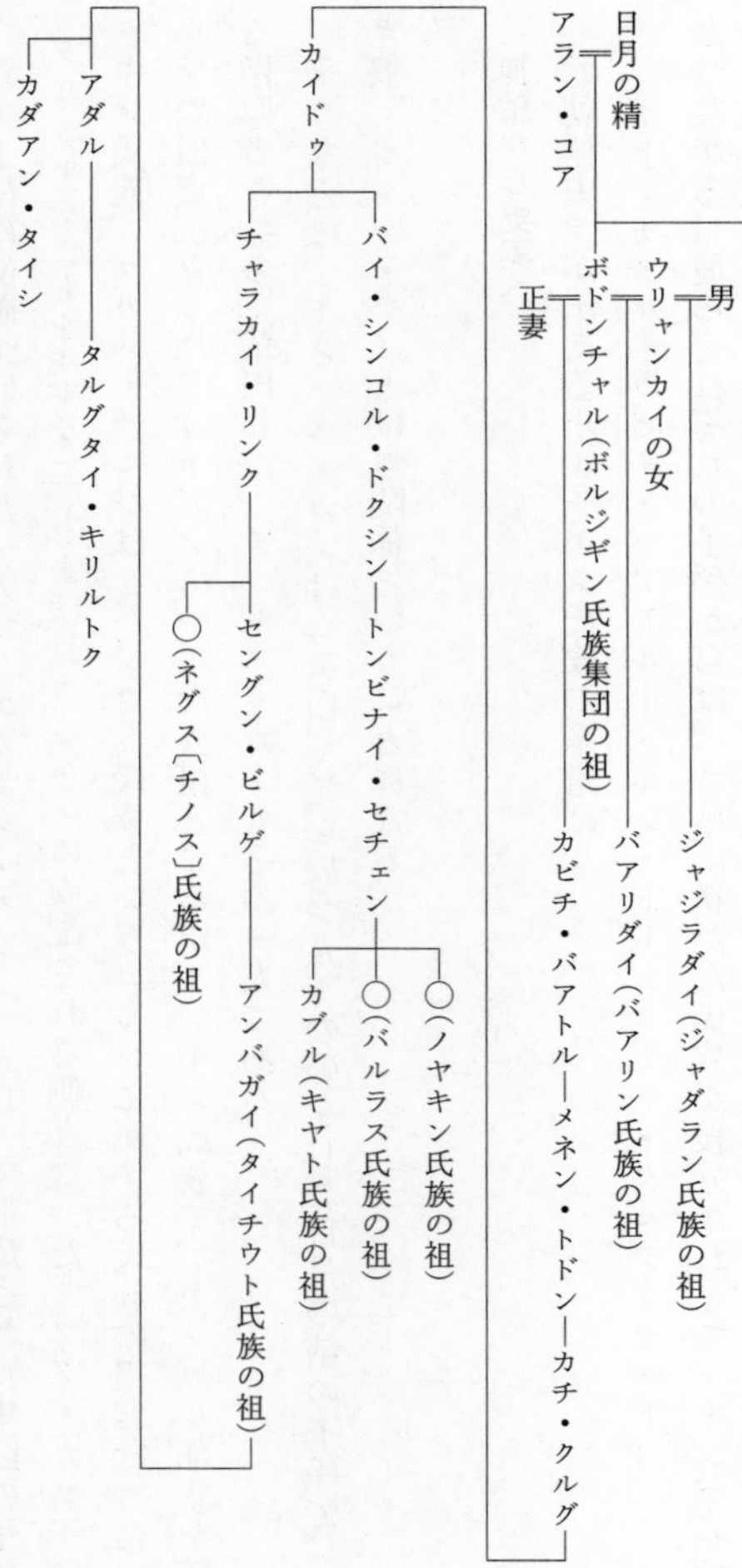

図4　モンゴル部族草創期の系図②（村上正二訳注『モンゴル秘史』1を一部改変）

オノン川に暮らしていた幼少時のカイドゥは、ジャライル部族の急襲を受けた。一家はことごとく殺害されたが、カイドゥだけが九死に一生を得てバイカル湖東岸のバルグジンの地に逃れた。カイドゥは成長すると、ジャライル部族を滅ぼして勢力を拡大し、バルグジンを拠点とする有力な指導者となった。

　ジャライル部族というのはヘルレン川流域に暮らしていた大集団で、中国の軍隊との戦いに敗れ、オノン川に敗走したという。そのジャライル部族と思《おぼ》しき集団が、遼朝の正史『遼史《りょうし》』に出てくる轄麦里《シャマイリ》で、発音が似通っているだけでなく、出来事にも類似性がある。轄麦里はヘルレン川流域にいた敵烈《てきれつ》という部族とともに遼（契丹《きったん》部族が建てた国）と戦って敗れ、多くは捕らえられたが、一部が遁走《とんそう》したと『遼史』に出てくる。一〇一五年のことであった。

　このことがカイドゥの受難と同一ならば、彼が活躍したのは十一世紀前半ということになる。そのころのオノン川流域の遺跡からは、バイカル湖周辺と共通する文様が施された土器が出土する。オノン川とバルグジンとは五〇〇キロメートル以上も離れているが、両地域間に往来があったことは、考古資料が証明している。

　それから半世紀以上が経過した一〇八四年、『遼史』には「萌古国《もうここく》」と「遠萌古国《えんもうここく》」から使者がやってきたと記されている。モンゴル部族の統一が進んだあらわれと考えられる。歴史の舞台にモンゴルの姿がおぼろげながらみえてきた。

　カイドゥの子供のうち、長子バイ・シンコル・ドクシンの子はトンビナイ・セチェンといい、さらにその子はカブルといった。カブルの子孫はキヤト氏族となった。次子チャラカイ・リンクの子はセングン・ビルゲといい、さらにその子はアンバガイといった。アンバガイの子孫はタイチウト氏族になった。

カブルはすべてのモンゴル部族を統べ、〝カン〟の位に就いた。カンとは当時のモンゴル高原とその周辺地域において、部族長の称号として用いられていた。

遼に替わって中国東北部を支配していた金（女真《じょしん》部族が建てた国）に、モンゴルはたびたび侵攻して略奪をはたらいた。その頭目は熬羅孛極烈《オラボギレ》という人物で、一一四七年に「祖元皇《そげんこう》帝《てい》」と自称したと南宋（金によって滅ぼされた北宋の一族が江南に再建した王朝）で成った『大《だい》金国志《きんこくし》』にある。熬羅孛極烈はカブルのことだと、おおかたの研究者は考えている。モンゴル部族の動静は、カブルあたりから具体的になってくる。

カブルには七人の男の子供がいた。彼らの子孫には後段でチンギスの生涯と深くかかわる人物もいるので、少し煩雑になるが紹介しておきたい。

長子はオキン・バルカクといい、その子はクトゥグト・ユルキといった。クトゥグト・ユルキはユルキン（ジュルキンとも）氏族の祖となり、サチャ・ベキ、タイチュの二人の子をもった。のちにユルキン氏族はチンギス・カンによって滅ぼされる。

次子はバルタン・バアトルといい、その子にはモンゲト・キャン、ネクン・タイシ、イェスゲイ・バアトル、ダリダイの四人がいた。イェスゲイ・バアトルはチンギス・カンの父となる。バアトルは勇者を意味する称号である。

三子はクトゥグト・ムングルといい、ブリ・ボコという子がいた。四子はクトラで、のちにカンになる。クトラにはジョチ、ギルマウ、アルタンの三人の子がいた。五子はクラン・

図5　モンゴル部族勃興期の系図（村上正二訳注『モンゴル秘史』1を一部改変）

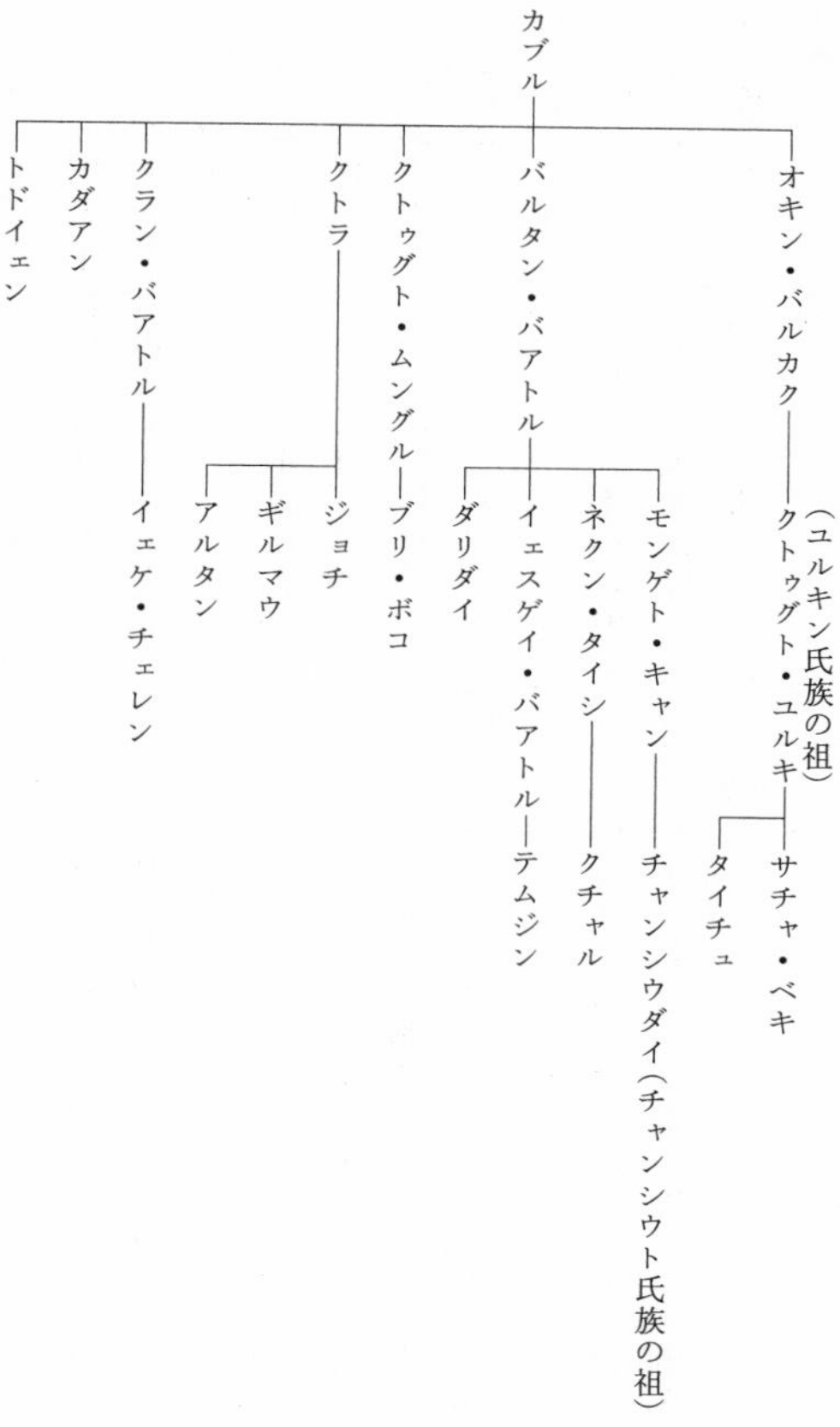

バアトルで、その子はイェケ・チェレンであった。六子はカダアン、七子はトドイェンで、二人には男系子孫がいなかった。このうちブリ・ボコ、アルタン、イェケ・チェレンはやがてチンギス一家を害する人物となる。いずれも従伯叔父《いとこおじ》、つまり父イェスゲイ・バアトルの従兄弟《いとこ》である。

カブルが亡くなると、遺言によってセングン・ビルゲの子のアンバガイがカンの位をついだ。ある日、アンバガイは、フルンとボイルという二つの湖の間（フルンボイル地域と称される）にあるウルシュン河畔《かはん》に住んでいたタタル部族の一派に娘を与えることになり、みずから娘を送っていった。ところが、途中で別のタタル部族の者に捕らわれて、金の皇帝に引き渡されてしまった。

「一国の王たるものが、みずから娘を送っていくことなどは、断じてしてはならない。自分が悪い手本だ。タタルの人衆に捕らえられてしまったぞ。五本の指の爪《つめ》が剥《は》がれ、十本の指先が擦り減るまで、われの仇《かたき》を討つために戦え」

とアンバガイは遺言した。

『集史』によると、アンバガイは木馬に磔《はりつけ》にされ、刑場の露と消えたという。この事件をきっかけにしてモンゴル部族は、タタル部族と死闘を繰り広げることになる。

タタル部族とは、フルンボイル地域からその南のウジュムチン地域にかけての大興安嶺西麓を遊牧していた、六つの氏族が連合した大集団であった。そのなかに金朝に隷属《れいぞく》して、その西北国境の防備を担うグループがいた。彼らは乣《ジュイン》とよばれ、そのおもな役目はモンゴル部族の侵入を防ぐことであった。アンバガイを捕らえたのは、その乣であった。南宋の使者が書いた『蒙韃備録《もうたつびろく》』には、金が三年に一度の割合でモンゴル高原に遠征し、「減丁《げんちょう》」という殺戮《さつりく》と拉致《らち》をおこない、拉致された者は河北《かほく》や山東で奴隷にされたとある。モンゴル部族の真の敵は金朝であった。

アンバガイの死後、モンゴル部族の首長の座は、キヤト氏族のクトラがついだ。彼はカブルの四子で、『集史』には勇猛果敢で、機知に富んだ姿が伝えられている。

『元朝秘史』は、クトラの即位を熱情的に記す。

オノン川のゴルゴナク河原の茂みで、すべてのモンゴル部民が集い、クトラの即位を祝って酒宴が催された。ことのほか枝葉の茂った神聖な趣きの大樹のまわりで、「あばら骨の高さまで地面が掘れるほど、膝小僧《ひざこぞう》の高さまで泥塵《でいじん》が舞い上がるほど」踏みならしながら、みなで狂喜乱舞した。

クトラはアンバガイの子カダアン・タイシとともに、先陣をきってタタル討伐に向かい、一三回も戦ったが、アンバガイの仇を討って怨《うら》みを晴らすことはできなかった。

テムジン誕生

そのころカブルの孫のイェスゲイ・バアトルは、オノン川へ鷹狩《たかが》りにいき、メルキト部族のイェケ・チレドが、オルクヌウトという氏族のところから美しい貴女を娶り来るのに遭遇した。

メルキト部族は、バイカル湖南のセレンゲ川流域に勢力をもち、『遼史』にもその名がみえる大集団であった（五三頁参照）。一方のオルクヌウト氏族は、大興安嶺西麓のフルンボイル地域にいたオンギラト部族の一派であった。地理的に金の領域に近く、先進文化の影響を受けて豊かであった。それらの頭越しの交流は、モンゴルにとって看過できなかった。

イェスゲイは急いで家に帰り、兄弟を連れて引き返してきた。彼らの尋常でない形相をみて、その貴女は、

「彼らはあなたの命を狙《ねら》っています。生きてさえいれば、乙女《おとめ》はいくらでもおります。私の名前をつけて愛せばよいのです。お命を大切に。私の香りをかぎながらお逃げください」

といって、肌着を脱いでイェケ・チレドに渡した。イェケ・チレドは脚の速い馬に鞭打ち、後ろに垂らした辮髪《べんぱつ》を揺らしながら、川上へと消えていった。水面を波立たせ、木立を震えさせるほど泣きじゃくる貴女を、イェスゲイは家に連れて帰り、妻とした。貴女の名はホエルンといった。

やがてホエルンは男児を生んだ。そのときイェスゲイは、テムジン・ウゲというタタルの領袖《りょうしゅう》を捕虜にして帰ってきたところであった。右手に家畜のくるぶしのような血の塊を握りしめて生まれてきたその子には、勇敢な敵将にちなみ、テムジンという名が与えられた。

『集史』では、宿敵の名をとった理由を、戦勝の吉事を祝してのことだと説明している。なお、テムジンとは〝鍛冶屋《かじや》〟の意という説が根強い。当時、鉄は貴重で、鍛冶屋は重要な技能者で、けっして悪い名前ではなかった。

テムジン、のちにチンギス・カンとなるこの人物の生年はよくわからない。『元朝秘史』に手掛かりとなる記述はない。また、生年を推定できる記述があっても、南宋で書かれた『蒙韃備録』は一一五四年、『集史』は一一五五年、『元史』と元末の文人陶宗儀《とうそうぎ》が書いた『南村輟耕録《なんそんてっこうろく》』は一一六二年、元代に成った漢文年代記『聖武親征録《せいぶしんせいろく》』は一一六七年といわれるが、精読するとこれも一一六二年のようである。これといった決め手はないが、複数の漢文史料が伝える一一六二年説を採用する研究者が比較的多い。

生まれた場所も未確定といえる。「オノン川のデリウン・ボルダグ（脾臓《ひぞう》の形をした丘）」と記されているが、同名の丘はオノン川流域に数か所ある。なかには、観光客誘致の一環で、近年この名に変更した丘もある。いまのところ、バルジ川との合流点近くのモンゴル国ヘンティー県ダダル郡のデリウン・ボルダグが、生誕地として広く認知されている。

イェスゲイとホエルンの間には、テムジン、ジョチ・カサル、カチウン、テムゲ・オトチギンの四人の男子と、テムルンという女子が生まれた。テムジンが九歳のとき、ジョチ・カサルは七歳、カチウンは五歳、テムゲ・オトチギンは三歳、そしてテムルンはまだ揺りかごにいた。

イェスゲイは、九歳になったテムジン（『集史』は十三歳とする）を連れ、ホエルンの生まれたオルクヌウト氏族から嫁をもらおうと旅に出た。オノン川を下り東へ向かう途中、チェクチェル、チクルグという二つの山の間で、オンギラト部族のデイ・セチェンと出会った。デイ・セチェンとは〝大賢者〟の意で、同地ではかなりの有力者であったと考えられる。『元史』によると、その遊牧領域はフルンボイル地域最北のアルグン川上流にあった。デイ・セチェンは「目に火あり、面に光ある」聡明《そうめい》な顔立ちをしたテムジンを、ひと目見るなり気に入った。イェスゲイの目的が嫁探しだと知ると、デイ・セチェンは自分の家に案内し、娘のボルテを紹介した。テムジンより一歳年上のボルテも「面に光、目に火」があった。さっそくイェスゲイはボルテを所望した。

族外婚制のモンゴル部族にとって、隣接するオンギラト部族は格好の通婚対象になった。多くの場合、妻は姻族から選ばれる傾向が強い。ボルテはオルクヌウトと近い関係にある氏族出身であった。

これを契機に、デイ・セチェンの子孫は、モンゴル帝国期を通じて皇室と緊密な婚姻関係で結ばれることになり、オンギラト駙馬家《ふばけ》とよばれて権勢をふるった。君主の娘婿を駙馬《ふば》という。

さて、しばらくのあいだ、テムジンはデイ・セチェンのもとに滞在することになった。連れてきた換え馬を結納として贈ると、イェスゲイは帰途についた。途中、チェクチェル山麓の野原で、タタルの者たちが酒盛りをしているのに出くわした。イェスゲイは喉《のど》が渇いていたので馬を止め、その宴《うたげ》に加わった。タタルのなかに、むかしイェスゲイに虜《とりこ》にされた恨みをもつ者がいて、密《ひそ》かに酒に毒を入れてイェスゲイに飲ませた。

一部の識者は、旅の途中で宴席を過ぎるとき、たとえ敵であっても下馬するのが、当時のモンゴル人の礼儀と理解を示す。そうとはいえ、このときのイェスゲイの行動は理解しがたい。イェスゲイは、『集史』によるとニルン集団（二九頁）を統率する実力者であったとされる。しかも、〝バアトル（勇者）〟の称号を帯びるほどの武将であった。あまりに軽はずみな行動で、とても史実とは思えない。ほかの史料にはみえないこの出来事は、『元朝秘史』の作者が、最期を劇的に演出した創作とみるべきか。

イェスゲイは三泊して家に帰りつくと胸が苦しくなった。死期を覚ったイェスゲイは、代々仕えるコンゴタン氏族のモンリクをよび、幼い子供たち、弟、ホエルンの面倒を頼み、デイ・セチェンのもとからテムジンを連れ帰ることを命じて息を引きとった。なお、モンリクはこののち、家宰としてテムジンの一族を支え続けることになる。

第2章　影より外に伴なく

——チンギス・カンの生い立ち

巻二（六九〜一〇三節）では、チンギス・カンの青年時代が描かれる。父イェスゲイの死は、テムジン一家に大きな動揺を与えた。モンゴル部族の主導権を握ろうとするタイチウト氏族の謀略で、郎党たちはテムジン一家のもとから去っていった。困窮のなかで家族の絆《きずな》にも綻《ほころ》びがあらわれた。小さな諍《いさか》いから、テムジンは異母弟ベクテルを射殺してしまう。テムジン一家の弱体化につけこんだタイチウトは、若い芽を摘み取ろうとテムジンを執拗《しつよう》に追う。ついにテムジンは捕らえられてしまうが、タイチウトの郎党ソルカン・シラの協力を得て無事に脱し、新天地で家族と再出発する。建国の功臣といわれるボオルチュ、ジェルメらが、テムジンのもとに集まり始めたのは明るい兆しであった。やがて新妻ボルテを迎え、モンゴル高原中央を支配していたケレイト部族長トオリルの臣下となり、小さいながらも一族郎党を束ねる若きリーダーとして、順調な歩みを始めた。それも束の間《つかのま》、ホエルン略奪の宿怨《しゅくえん》を抱えた北の強族メルキトの急襲で、ボルテはさらわれてしまう。

弟殺し

テムジンたちはイェスゲイを失った。その翌年の春、冬営地から春営地へと遊牧地を移動する前のこと、アンバガイ・カン（タイチウト氏族の祖）の寡妃が主宰する先祖祭祀《さいし》に、ホエルンは遅刻してしまった。すると、妃《きさき》たちはホエルンを祭場から閉め出し、供物《くもつ》（祖霊に供えるもの）も分け与えず、彼女を置き去りにして移営しようとした。

当時のモンゴル部族の先祖祭祀は、骨付きの羊肉や馬肉を祭壇に供え、馬乳酒を振りかけながら焼いて、煙を天界にいる祖霊に届けるもので、ときには衣服や装飾品を燃やすこともあった。元代の漢人はこれを「焼飯《しょうはん》」とよんだ。そのなかで、参列者に供物を分配することは、一族の紐帯を確認し、さらに強固にするための重要な行為であった。

ホエルンへの冷たい仕打ちは、タイチウト氏族の頭目のタルグタイ・キリルトクの策謀であった。タルグタイは、アンバガイ・カンの嫡孫で、モンゴル部族を統べることのできる立場にいた。だが、ライバルのキヤト氏族のイェスゲイに主導権を握られていた。それを快く思わず、彼の生前から反目し合っていた。そのイェスゲイが死に、後継のテムジンはまだ幼少であった。キヤトを併呑《へいどん》し、モンゴル部族を統べる好機が、タルグタイに訪れた。

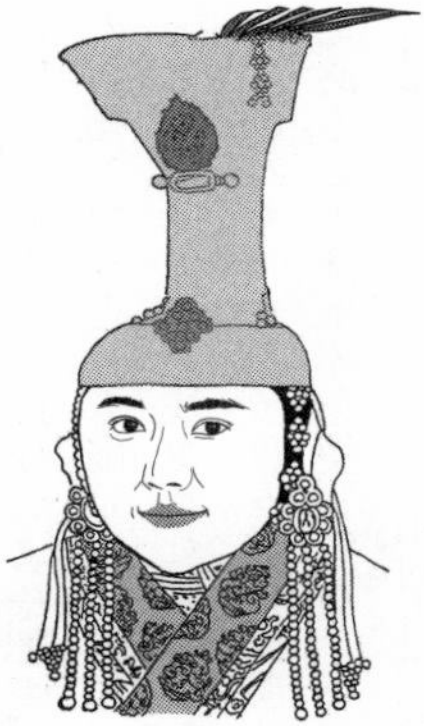

図６　ボグタグ帽のイメージ　筒状の白樺樹皮を芯とし、周りに色鮮やかな絹布を貼り、表面に宝石類をあしらい、上端に羽根を差す。白石典之著『モンゴル考古学概説』より改変

タルグタイに率いられたタイチウトの一団は、「涸《か》れない泉も干上がることはある。堅い火打ち石も砕けることはある」と捨て台詞《ぜりふ》を残し、テムジン一家と離れてオノンの川下へと移動していった。タイチウトだ

けでなく、キャト氏族の者や郎党たちも、ホエルンと忠僕のチャラカ老人（モンリクの父）の必死の引きとめも虚《むな》しく、オノン川を下っていった。

この状況にも、残された幼子たちを育てなければならないホエルンは、貴婦人の証《あかし》のボグタグ帽を被《かぶ》って身支度を整え、気丈に振る舞った。あるときは山林檎《やまりんご》や山桜の実を集め、またあるときは木棒を使ってワレモコウ（バラ科の植物）やオカオグルマ（キク科の植物）の根、行者《ぎょうじゃ》ニンニク、野蒜《のびる》、山百合《やまゆり》の球根を掘り出して日々の糧《かて》とした。子供たちも母を助けて、釣りや投網《とあみ》でコクチマスやカワヒメマス（いずれもサケ科の淡水魚）を捕まえた。

『元朝秘史』の作者は、この場面からテムジン一家の困窮を読者に伝えようとしている。だが、考古学的にみて、当時のモンゴル高原の北に拡《ひろ》がる森林ステップ地帯に暮らす集団にとって、必ずしも貧しい食生活とはいえない。むしろ、家畜を殺さない温暖期は、木の実、野草、淡水魚の利用が一般的であった。これらは季節の味覚として、現在でも同地に暮らす人々に利用されている。

ある日、テムジンは、実弟のカサルと、異母弟のベクテル、ベルグテイをともなって釣りをした。一匹の小さなカマツカ（コイ科の淡水魚）が釣れたが、ベクテルとベルグテイがわが物にしてしまった。テムジンとカサルは、家に帰り、事の次第を母ホエルンにいいつけた。

するとホエルンは、

「どうして兄弟で喧嘩をするのですか。『影より外《ほか》に伴《とも》なく、尾より外に鞭《むち》なし』というときなのに。そんなことではタイチウト氏族への復讐《ふくしゅう》は叶《かな》わないでしょう。アラン・コアの子供たち（二七〜二八頁）のように仲よくしなさい」と戒めた。

この「影より外に伴なく、尾より外に鞭なし」という印象的な一節は、序章（一七頁）でも触れたように、那珂通世が傍訳と総訳の漢文に依拠して訳出したもので、この意が研究者の間で、おおむね鉄案とされてきた。ところが、言語学的研究から、「鞭」とされた「赤出阿 čičuʼa」という単語は、古代トルコ語に由来する脂肪の意で、羊の扇状の尾に蓄えられた脂身を指しているという見解が提示された。それに基づき小澤重男は「友と呼びうるのはただ影のみであり、脂肪のあるものと呼びうるのはただ羊の尾のみ」と訳し、テムジン一家の孤立無援と貧窮の度合いを形容した表現と解している。

さて、以前にも射落としたヒバリをベクテルに奪われたことのあるテムジンには、ホエルンの戒めは耳に入らなかった。ベクテルが丘の上から去勢馬を眺めていたところを、テムジンは後ろから、カサルは前から近づき、弓矢で射殺してしまった。それを知ったホエルンは、古くから伝わる格言を思い起し、子供たちの将来を激しく憂えた。

タイチウトによる迫害

歳月を経て、母ホエルンの慈しみを受けつつ、テムジンは立派な若者へと成長した。それ

図7　オノン川　ゴルゴナク河原と想定される付近。対岸には鬱蒼とした柳の林が広がる。著者撮影（写真は以下同様）

を快く思わなかったのが、タイチウト氏族のタルグタイ・キリルトクであった。聡明という噂《うわさ》の聞こえたテムジンを葬り去ろうと、手下とともにテムジンの宿営を急襲した。幼い弟たちの必死の援護を受けながら、テムジンは深い森の中に逃げ込んだ。九日間の潜伏のあいだに食物が尽き果て、出てきたところを待ちかまえていたタイチウト氏族に捕らえられた。

テムジンは、オノン川の岸辺にあったタイチウト氏族の宿営に連行された。族人に監視されながら数日が過ぎた。ときは初夏であった。遊牧民にとって家畜の搾乳《さくにゅう》や羊の毛刈りで忙しい季節である。その息抜きであろうか、宿営で宴が開かれた。十六夜《いざよい》の月が赤く照るころ、宴は終わって人影が消えたのを見計らい、テムジンは監視の少年を倒して脱走した。オノン川に飛び込み、顔だけを水面に出し、流れに身を任せていた。

オノン川は水深が浅く、流れが早いが、淀《よど》みもところどころにあり、そのあたりには柳や楡《にれ》の鬱蒼《うっそう》とした林が広がっている。そこに逃げ込めば、簡単には探し出せない。

タイチウト氏族の男たちは、真昼のような月光の下でテムジンの行方《ゆくえ》を追った。しばらくすると、タイチウト氏族に隷属するスルドス氏族のソルカン・シラがテムジンの姿を認めたが、見逃してくれたうえに、追手《おって》を遠ざけてくれた。一同が去り、水から上がったテムジンは、一縷《いちる》の望みをかけてソルカン・シラを頼ることにした。馬乳酒を攪拌《かくはん》する音を手掛かりに、彼の家に向かった。

馬乳酒は文字通り馬の乳から醸《かも》す。人間は馬の乳をそのままでは消化できない。そこで発酵させることで飲料とした。発酵の際にアルコールが生じるが、二パーセントほどなので、モンゴル人は年齢に関係なく愛飲している。製法は単純で、馬の生乳を牛の革で作った袋に入れ、木棒などでひたすら攪拌する。その回数は一日数千回とも一万回ともいわれる。春先に生まれた仔馬《こうま》への授乳が終わる初夏のころから、本格的な馬乳酒造りが始まる。馬乳酒は、現在のモンゴル語で「アイラグ」といい、古語では「ツェゲー」とよばれたことが知られているが、さらにさかのぼる『元朝秘史』の時代には、「エスグ」という名称であった。

オノン川流域から北の森林が発達した地域では、あまり馬乳を醸さない。そもそも馬の飼育が盛んでない。この地方は寒冷で積雪が多いので、丈が高く繊維の発達した草が生える。前歯を使ってむしり取るように食《は》む馬に、そのような草は適さない。考古資料をみても、馬骨の出土は少なく、かわりに牛が多い。牛は長く硬い草も舌で巻き取るように食べる。そうした環境にもかかわらず、ソルカン・シラのような隷属民でも馬乳を醸せたということは、タイチウト氏族が相当数の馬群を有し、飼葉《かいば》に手がかけられる人的資源と広い牧草地を領有

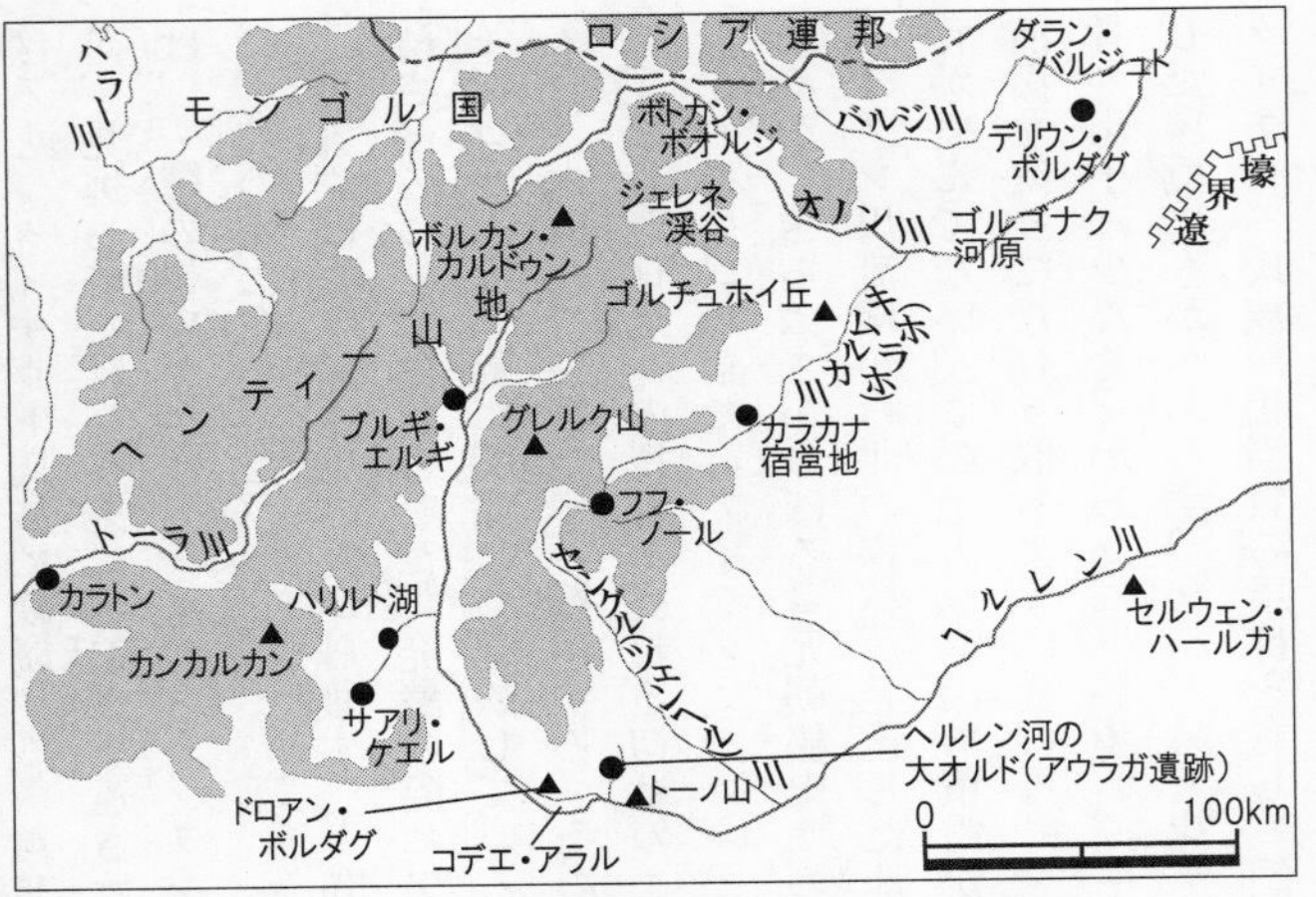

図８　ヘンティー山地周辺のチンギス・カン関連史跡

していたことも示している。当時、保有する馬の多寡《たか》は、軍事力の強弱と、おおむね正比例していた。

ソルカン・シラは、タイチウト氏族の目に怯《おび》えながらもテムジンを匿《かくま》った。息子のチンバイとチラウン、それに娘のカダアンは、親身にテムジンの面倒をみた。

のちにソルカン・シラ一家は、タイチウト氏族を離れてテムジンに合流し（九三頁で後述）、モンゴル帝国の成立に大きく貢献する。とくにチラウンは、テムジンを支えた猛将「四駿《ししゅん》」の一人に数えられる。

テムジンはソルカン・シラの家を立ち去り、オノン川をさかのぼってキムルカという小川（現ホラホ川）に出た。その川上にあるベデル尾根の先端のゴルチュホイ丘で、ようやく母や弟たちに出会うことができた。

僚友との出会い

テムジンは家族とともにセングル小川の源にあるカラ・ジルゲン山のフフ・ノール（青い湖）のほとりに住み、タルバガを狩って食べて暮らした。

タルバガ（タルバガンとも。和名はシベリアマーモット）は地ネズミの一種で、プレーリードッグに類する。遊牧民が本来食する羊などの家畜とは異なるということで、このくだりは糊口《ここう》を凌《しの》いだ隠喩《いんゆ》とみる意見が強いが、必ずしもそうとはいえない。タルバガの肉は、脂のりと独特の風味がモンゴル遊牧民に古くから好まれてきた。モンゴル帝国の国家祭祀でもタルバガは供物とされた。また、毛皮は防寒衣に適しているので、自家用だけでなく交易品としても価値が高かった。むしろテムジン一家の暮らし向きが、好転しつつあったと理解すべきであろう。

図9　セングル川　水量が少なく、『元朝秘史』では「小川」と表現されている。現在ではツェンヘル川という

　セングル小川は、現在ではツェンヘル川といい、ヘンティー山地の南に発し、東南に流れてヘルレン川に合わさる全長一五〇キロメートルほどの流れで、岸辺には豊かな草

原が広がる。現在では数が減ったが、私が現地を初めて訪れた一九九〇年ごろは、至るところでタルバガの姿を目にすることができた。

ある日のこと、異母弟のベルグテイはタルバガ狩りに出掛けた。夕方、尾の毛の抜けたみすぼらしい栗毛馬《くりげうま》（体毛が茶褐色《ちゃかっしょく》）の背に、いっぱいの獲物を載せて宿営に帰ってみると、八頭の葦毛《あしげ》（体毛が灰色）の去勢馬が盗まれたと大騒ぎになっていた。

テムジンはベルグテイから手綱《たづな》を奪うと、その栗毛馬に飛び乗り、八頭の葦毛馬の跡を追った。三日走ったところで、ボオルチュという少年に出会った。彼はテムジンを背黒馬《せぐろうま》（背だけ黒い白毛馬）に乗り換えさせ、みずからは足の速い月毛馬《つきげうま》（体毛が黄白色）で、ともに八頭の葦毛馬の行方を追った。さらに三日ののち、ついに見知らぬ遊牧民の宿営で、草を食む八頭の葦毛馬をみつけた。二人は力を合わせて八頭を駆り立てて、来た道を一目散に引き返した。宿営からは白馬にまたがった追手が執拗に迫ってきたが、テムジンが背面騎射で見事に射落とした。

さまざまな毛色の馬によって繰り広げられる追跡劇は、馬に親しむモンゴル人たちの心を揺さぶり、血を沸き立たせたにちがいない。テムジンの生涯の僚友（ノコルという）となるボオルチュの登場を印象づけることに成功している。このボオルチュも、のちに四駿の一人に数えられ、あまたの勲功をあげることになる。

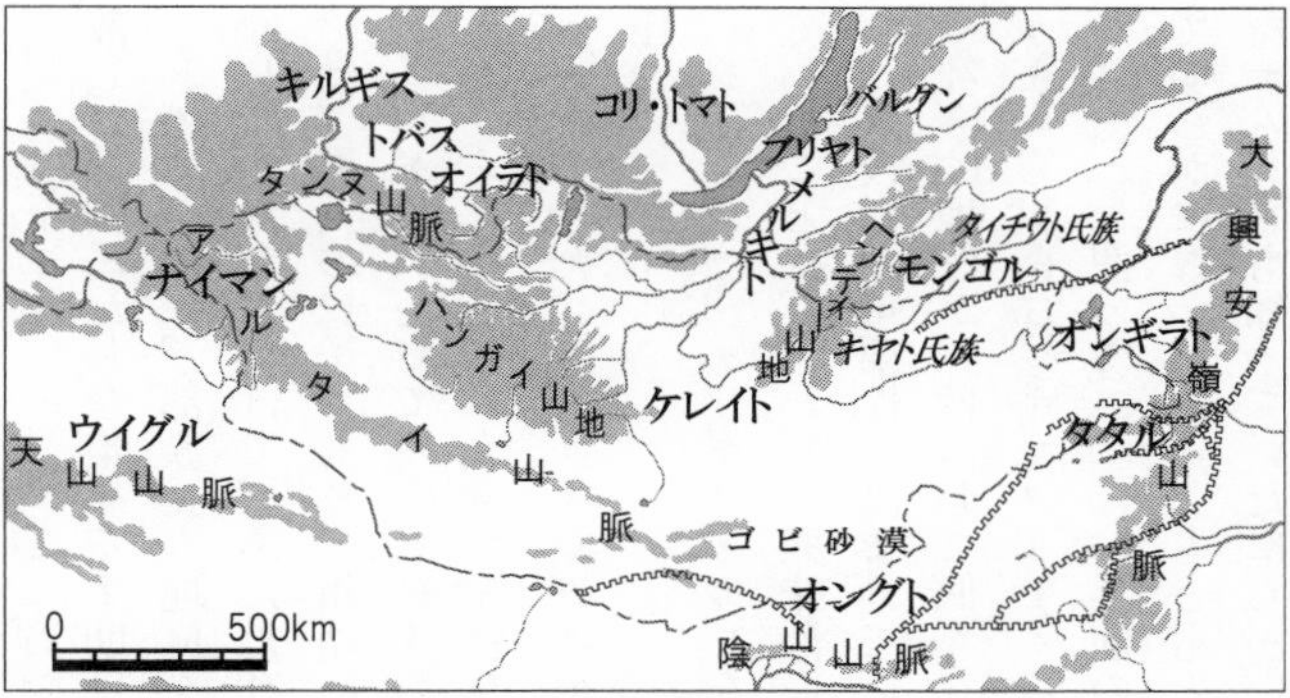

図10　関連部族の分布

妻ボルテの誘拐

やがて生活が落ち着くと、テムジンはボルテを妻に迎えた。そして遊牧地をセングル小川からブルギ・エルギに移した。

ブルギ・エルギはヘルレン川上流部にあり、現在のブルフという小流の河岸一帯を指す。ここには古くからモンゴル高原東部とバイカル湖方面を結ぶ幹線路が通っていた。最難所のヘンティー山地越えにおける高原側の起点にあたり、匈奴《きょうど》（モンゴル高原でもっとも早く形成された遊牧国家とその民）の時代に築かれた城郭も残っている。人の往来があれば、情報や物資が手に入れやすい。そのような場所を遊牧地に求める者は多く、争奪の対象になった。弱小勢力であるテムジンが領有するには、有力者の後ろ盾が必要であった。

そこでテムジンは、モンゴル高原中央に大きな勢力をもっていたケレイト部族長のトオリル・カンを訪ねた。テムジンがボルテの母から贈られた良質の黒テン

（イタチ科の動物）の毛皮服を献ずると、トオリルはたいそう喜んで、タイチウトの陰謀で逃散した隷属民たちを集める手助けを約束してくれた。

トオリルには、部族長の地位を追われた苦い経験があった。そのとき、イェスゲイが手助けしてくれたおかげで、ふたたび部族長に返り咲くことができた。トオリルにとってテムジンは、恩人の息子であり、粗略には扱えなかった。

ブルギ・エルギでの生活が落ち着いたころ、ボルカン・カルドゥンの山からウリャンカイ部族のジャルチウダイ翁《おう》が鍛冶《かじ》の鞴《ふいご》を背負いながら、一人の子供を連れてきた。名前はジェルメといった。ジャルチウダイ翁は、息子ジェルメをテムジンの従者に加えてほしいと申し出た。

ジェルメは、チンギス・カンを支えた勇将「四狗《しく》」の一人で、その出自が鉄工とかかわっていたことは、きわめて興味深い。当時、武器だけでなく日用品にも鉄器が普及し始めており、鉄技術の重要性は高まっていた。隷属民に鉄工を抱えていたことは、テムジンの経済力や社会的地位が、けっして低くない水準まで回復していたことを示す。ちなみにブルギ・エルギから東南二〇キロメートルほどのところに鉄鉱石の露頭《ろとう》（地表に露出している部分）があり、それを使って二〇〇〇年前の匈奴時代に製鉄がおこなわれていたと、最近の考古学調査で明らかになっている。もともとブルギ・エルギは鉄と関係の深い地域であった。そのことをテムジンも知っていたにちがいない。

ある初夏の早朝のこと、ブルギ・エルギの宿営は、馬に乗り、武装した一団の急襲を受けた。テムジンとその弟妹、ホエルンは逸早《いちはや》く馬にまたがり、ボルカン・カルドゥンへと逃れた。しかし、乗る馬がなく、牛の牽《ひ》く荷車で逃げたボルテと下女、それに宿営に置き去りにされたベルグテイの母は、一団にさらわれてしまった。

当初、彼らはタイチウト氏族とみられていたが、じつはトクトア・ベキ、ダイル・ウスン、カアダイ・ダルマラの三人を首謀者とするメルキト部族の者たちであった。かつて同族のイェケ・チレドが、イェスゲイにホエルンを奪われた恨み（三五〜三六頁）を晴らすために、騎兵が三〇〇も集まって押し寄せてきた。

ここでメルキト部族について触れておかなければなるまい。メルキトの史料における初出は、唐代《とうだい》の「弥列哥《ミリカ》」にさかのぼる。そのころ彼らは、トルコ系言語を話す突厥《とっけつ》に属していたという。そののち遼時代には「梅里急《メリク》」あるいは「密兒紀《ミルキ》」とあらわされ、セレンゲ川下流のバイカル湖東南岸一帯に暮らしていた。そのあたりの考古資料をみると、十世紀までは、埋葬姿勢に東頭位屈葬《ひがしとういくっそう》（遺体の頭を東に向け、手足を折り曲げた状態で安置）というトルコ系の文化の影響が色濃くみられたが、十一世紀を境に、北頭位仰臥伸展葬《きたとういぎょうがしんてんそう》（遺体の頭を北に向け、手足を伸ばして仰向けに遺体を安置）や羊の肢骨《しこつ》（橈骨《とうこつ》か脛骨《けいこつ》が多い）が副葬されるなど、新たな葬制がみられるようになった。のちにそれらは、後《うしろ》バイカル地域（バイカル湖東岸からアルグン川までの地域）東半にいたモンゴル部族の祖先の葬制に影響を与えることになる

図11　ボルカン・カルドゥン　ヘンティー・ハーンともよばれる聖山。2015年、ユネスコ世界文化遺産に登録された

（終章で詳述）。

こうした背景には、彼らの東方進出が関係している。十一世紀中ごろのモンゴル東部の遺跡からは、バイカル湖周辺の土器が出土している。おそらくメルキト部族は、遼の先進文物を得るため、しばしばヘンティー山地を越えてモンゴル東部へとやってきていた。そうした動きの中で、モンゴル系の集団と接触し、婚姻などを通じて文化的要素のやりとりが進んだと考えられる。

さて、ボルカン・カルドゥンに逃げ込んだテムジンは、敵が本当に撤収したか心配になり、ベルグテイ、ボオルチュ、ジェルメの三人に三日三晩追跡させた。そして完全に立ち去ったことがわかると、ようやく山を下りた。命を救われたテムジンは、首に帯を懸け、帽子を手にとり、胸に手を当て、太陽に向かって九度ひざまずき、馬乳酒を大地に注いで祈りを捧《ささ》げ、「朝な夕なに山を祀《まつ》り、日ごとに祈ろう。わが子孫よ、ゆめゆめ忘れるな」とボルカン・カルドゥンに感謝した。

モンゴル人のボルカン・カルドゥン崇拝は、ここに始まる。若き日のチンギス・カンが新婚生活を送ったブルギ・エルギからは、ボルカン・カルドゥンとされるヘンティー・ハーン山の神秘的な姿を、ことのほか美しく望むことができる。

第3章　国を載せて持ち来たり

——統一への始動

巻三（一〇四〜一二六節）は、ボルテ救出作戦から始まる。ケレイト部族長トオリルと盟友ジャムカの支援を受けて、メルキト部族の本拠を急襲したテムジンは、ボルテを連れ戻すことに成功する。ようやく日常が戻り、ジャムカとの旧交を温めるも束の間、ジャムカに不信感を抱いたボルテの進言で、テムジンはジャムカとの決別を選ぶ。このテムジンの行動には、意外にも追従者が多く、そのなかにはモンゴル部族の有力者もいた。彼らはテムジンをモンゴル部族長に推戴《すいたい》し、チンギス・カンの尊号を奉る。これを受けてチンギスは、部族の組織固めに着手する。

ボルテ救出作戦

テムジンは、弟のカサル、ベルグテイをともない、トーラ川の上流にあるケレイト部族長トオリルの宿営を訪ねた。そこは柳が鬱蒼と生い茂る場所で、カラトン（黒い林の意）とよばれていた。

ケレイト部族は、トーラ川からオルホン川にかけてのモンゴル高原中央部を拠点とし、周囲の遊牧集団を糾合して、ひとつの国といってよいほどの勢力を誇っていた。

十世紀には遼から阻卜《そぼく》とよばれ、その支配下に入っていたが、機会あるごとに激しく反抗した。北宋からは韃靼《だったん》とよばれ、関係を結んで遼を牽制《けんせい》した。また、天山《てんざん》山脈に拠っていたウイグル王国（ウイグル・カガン国の遺民が建てた国）など西方にも関心を示すなど、国際性に富んでいた。

特筆すべきは、一〇〇七年に、メルブ（現在のトルクメニスタン）にいた東方シリア教会（ネストリウス派キリスト教）の大司教のもとに、ケレイトが遣使したことである。ケレイト部族の首長のなかには洗礼名をもつ者もいた。たとえば、トオリルの祖父（『集史』によれば）にあたり、遼に対して大反乱を起こして磔《はりつけ》となった梟雄《きょうゆう》マルクズの名は、マルコスに由来する。また、トオリルの父のクルチャクスという名も、キュリアコスに拠ったとみられる。ケレイト部族の支配者層に、キリスト教が深く浸透していたとわかる。

ケレイト部族は、文献史学の成果によると、もともとはモンゴル高原北部にいた集団で、九世紀後半にオルホン川上流域に南下してきたという。彼らの使った土器の文様や作り方からみて、両地域間に関係があったことは、考古学的にも確かである。その後、遼式の陶器を作ったり、城郭を築いたりと、積極的に遼文化を採り入れた。

カラトンの所在は定かでないが、そうした城郭のひとつのブフグ遺跡（ウランバートル市の西部近郊）が有力な候補地とされている。

さて、テムジンがカラトンを訪れた目的は、拉致された妻ボルテらの救出に対する助力を、トオリルに依頼することであった。トオリルは、テムジンの父イェスゲイから受けた恩を忘れていなかった。また、テムジンから贈られた黒テンの毛皮（五一〜五二頁）を、たいそう気に入っていた。彼はテムジンの依頼を快く引き受けた。

トオリルはボルテ救出作戦を立案した。左右二軍編成を採り、みずからは右軍として二万の軍勢を出し、左軍の指揮官にはジャムカを指名し、二万の兵を出すように命じた。

ここでジャムカの登場である。テムジン（チンギス・カン）の前半生における好敵手で、剛毅《ごうき》で朴訥《ぼくとつ》としたテムジンとは際立った対照性をもった、機をみるに敏の知略家として、史料のなかで描かれている。彼の出自はのちほど詳しく触れるが、テムジンの幼なじみで、盟友（アンダという）の契りを結んだ間柄であった。

知らせを聞いたジャムカは、盟友の災難に心を痛め、援軍を送ることを即決した。左右両軍の出会う場所を、オノン川最上流のボトカン・ボオルジと定め、「吹雪《ふぶき》になっても、雨になっても、集合に遅れることのないように」と一言添えて、トオリルとテムジンに返答した。

右軍のケレイト隊は、トオリルの率いる一万と、その弟ジャカ・ガンボの一万の総勢二万で、カラトンを発して東進し、ヘンティー山地を南から大きく迂回《うかい》して、オノン川上流に出た。一方、左軍のジャムカ隊は、オノン川のゴルゴナク河原を発し、一万人の部隊で川上へと向かった。また、テムジンもブルギ・エルギを東に向けて出発し、ヘンティー山地南麓のキムルカ川にあるカラカナ宿営地でケレイト隊に合流した。

このときのテムジン隊の兵力を、『元朝秘史』は一万人と記す。当時、兵士は一世帯あたり一名を出すことが原則であったので、『秘史』のとおりなら、およそ一万世帯がテムジンに隷属していたことになる。隷属民の多数は牧畜に携わっていたと考えられる。ブルギ・エルギがあったヘルレン川上流での可牧範囲は、東京二三区の約一・六倍にあたる一〇〇〇平方キロメートル程度である。現在の同地における一世帯あたりの遊牧圏は、六平方キロメートルほどなので、あくまでも計算上であるが、わずか一七〇世帯程度が同地の地理的環境に適《かな》った数ということになる。要するに、テムジンの隷属民だけでまかなえる兵数ではなかった。かなりの誇張か、史実ならば、援軍が含まれていたということになる。

さて、テムジンとトオリルは、期日に三日遅れてボトカン・ボオルジに到着した。当時のモンゴル武人の倫理観に照らすと、遅参は大きな背信行為であったらしく、ジャムカに激しく叱責《しっせき》されて、トオリルの威厳は失墜した。以後、この隊の主導権は、ジャムカが握る。

ジャムカは、ヘンティー山地の北側からキルコ川（現ヒロク川）に出て、そこを筏《いかだ》で渡り、セレンゲ川下流域に遊牧するメルキト部族の本拠を衝《つ》くことを提案した。狙いはトクトア・ベキ、ダイル・ウスン、カアダイ・ダルマラら、ブルギ・エルギで起こったボルテ略奪事件の首謀者たちであった（五三頁）。

メルキト部族を攻撃するなら、ヘンティー山地の西麓を北進、オルホン川を下るのが最適なルートである。にもかかわらず、オノン川上流を経由したのは、その流域を故郷とするジャムカとテムジンに、いくぶんか地の利があったからか。ちなみにこのルートは、イェスゲイによるホエルン略奪事件の舞台で、バイカル湖方面とフルンボイル地域とを結ぶ幹線路であった。

この路の難所といえばヘンティー山地越えであった。そこにはタイガとよばれる針葉樹の密林が広がり、湿地も多い。また、キルコ川は、『元朝秘史』に「小川」とあるが、その川幅は、中流で約一〇〇メートル、下流ならば一五〇メートルを超えるという大河で、簡単には渡れない。さらに付け加えると、温暖期に押し寄せる蚊《か》と虻《あぶ》の大群には、想像を絶する凄《すさ》まじさがある。

テムジンらの装備は、鉄の小札《こざね》（小さな短冊状の板）を革紐《かわひも》で綴《と》じた鎧《よろい》を身に着け、腰に大刀を佩《は》き、弓矢と鋼《はがね》の槍《やり》を携えるという軽装であった。もちろん騎乗していた。これと整合するように、十二世紀ごろの後《うしろ》バイカル地域の墓からは、鉄小札、鉄の槍・矛、轡《くつわ》・鐙《あぶみ》・鞍《くら》などの馬具が高い頻度でみつかる。ただ、鉄刀の出土例はきわめて少ない。佩刀《はいとう》できたのは、指揮官級などに限られていたのかもしれない。

合戦で牛革の太鼓《たいこ》を打ち鳴らすようすが『元朝秘史』に記されている。太鼓の出土品や伝世品は知られていないが、絵画資料にその姿をとどめている。わが国の元寇《げんこう》における、肥後《ひご》（熊本県）の御家人竹崎季長《たけざきすえなが》の奮戦を描いた『蒙古《もうこ》襲来《しゅうらい》絵詞《えことば》』に、整列したモンゴル隊のなかで太鼓を打つ兵士の姿がみえる。戦闘の進退の指示に使ったようである。

さて、三日遅れてボトカン・ボオルジを出発したテムジンたちは、キルコ川を筏で渡り、セレンゲ河畔にあったメルキト部族の宿営地に到着すると、彼らの寝込みを奇襲した。天幕の太い支柱をへし折り、戸口を蹴破《けやぶ》った。トクトア・ベキとダイル・ウスンは、渡河のようすを目撃した隷属民の早馬の知らせで、間一髪のところを脱出し、セレンゲ川を下ってバルグジンまで遁走した。もう一人のカアダイ・ダルマラは捕らえられた。

セレンゲ川に沿って夜通し逃げるメルキトの民を追って、テムジンは「ボルテよ、ボルテ」と叫びながら馬を走らせた。テムジンの声にボルテは、乗っていた車から飛び降り、下女とともにテムジンの馬の轡と手綱を、しかと摑《つか》んだ。月光のなかで凝視すると、それはたしかにボルテであった。

同じく囚《とら》われの身であったベルグテイの母はというと、別の宿営地にいることがわかり、ベルグテイが迎えに行ったが、メルキトの妻となった身を恥じ、息子に合わせる顔がないといって、密林の奥深く行方をくらませてしまった。

メルキトの男たちは殺され、女たちは捕らえられて妻妾《さいしょう》や奴隷となった。建造物もことごとく打ち壊された。なかには公会堂のような大規模な施設もあり、モンゴルに比べてメルキトが高い文化水準にあったとわかる。

無事にボルテ奪還を成し遂げ、テムジンは、トオリルとジャムカに謝意を述べた。多くの戦利品を携え、テムジンとジャムカは、ともにオノン川のゴルゴナク河原に向かった。トオリルはヘンティー山地の西麓を巻狩《まきが》り（狩場を四方から取り囲み、獲物を捕まえる狩り）しながら南下し、トーラ川上流にあるカラトンの本営を目指した。

ちなみに、『集史』で語られるこの事件は、少し内容が異なる。さらわれたボルテは、メルキトから友好の印としてトオリルに贈られた。妾《めかけ》にするようにとの周囲の声にも、息子のように気にかけていたテムジンの嫁ゆえ、トオリルはボルテを娘として厚遇し、無事にテムジンのもとに送り帰したという。

ところで、この事件はテムジン一家に暗い影を落とす。ボルテは囚われのあいだ、チルゲル・ボコに与えられていた。チルゲル・ボコは、ホエルンを奪われたイェケ・チレドの弟であった。のちにボルテが懐妊していたと判明する。それがテムジンの長子ジョチである。メルキトの血を受けているとの疑惑は、彼に生涯つきまとい、巻十一で語られる（二〇五〜二〇六頁参照）ように、ほかの兄弟との間に深い溝を生んだ。

盟友ジャムカ

テムジンとジャムカは、ゴルゴナク河原に駐営し、かつて盟友の契りを結んだことを思い起こした。

盟友のことをモンゴル語でアンダという。いくぶんか義兄弟のような任侠《にんきょう》的な側面をもつ関係をいう。前章（五〇頁）で述べたテムジンとボオルチュとの間で結ばれた僚友（ノコル）という契りが、主従関係に基づいていたのに対し、アンダは対等に近い間柄で成立した。

もともと二人が盟友になったのは、テムジンが十一歳のときであった。はじめに、ジャムカのもっていたノロジカ（小型の鹿）の距骨《きょこつ》（かかとの上方にある短い骨）と、テムジンのもっていた距骨形の銅製品を交換して、盟友の証とした。動物の距骨は、古くからモンゴルに暮らす子供たちの格好の玩具であった。現在でもシャガイとよばれ、四つを一組にして振り出し、おはじきに似た遊びや占いに用いられている。

つぎの春には、鏑《かぶら》（矢の先に付ける角や木で作った中空の球形の作り物。射ると大きな音を発する）を交換して、さらに契りを深めたが、あれから長い歳月が流れた。そこで、ふたたび盟友の誓いをたてようと、テムジンはメルキト部族のトクトア・ベキから取った金糸の帯と鹿毛馬《かげうま》（体毛が黒褐色）をジャムカへ、ジャムカはダイル・ウスンから取った金糸の帯と白毛馬をテムジンへと互いに贈り合った。

テムジンとジャムカは、翌年の半ばまで仲睦《なかむつ》まじく暮らした。さらに行動をともにしようと、初夏の十六夜に移牧を始めたとき、ジャムカが呟《つぶや》いた。

「テムジン盟友よ。山の近くで宿営したなら、われらの馬飼いは住むところにありつけるだろう。谷川の近くで宿営したならば、われらの羊飼いは食事にありつけるだろう」

テムジンにはその意味がわからなかったのでホエルンに尋ねたが、その返答よりも先にボルテが口を開いた。

「ジャムカは飽きっぽい性分なのです。もう私たちに嫌気がさしたのでしょう。ジャムカの言葉には、何か目論見《もくろみ》があるはずです。ここに止まらず、急いで夜通し進みましょう」

テムジンはボルテの意見を容《い》れて、ジャムカから離れて休まず移動し続けた。

このジャムカの発言に対して、その胸奥を読み解こうとする試みが、古くから多くの研究者によってなされてきたが、定説はない。文字通り素直にとらえて、遊牧生活の日常を、馬上から鼻歌交じりに語っただけだと、私は思う。しかし、ボルテにはそう聞こえなかった。ボルテがジャムカに不信感を抱いた理由は定かでないが、ジャムカの出自や当時の社会状況に思いをめぐらせると、彼女の心の内がみえてくる。

ジャムカは、ジャダランという氏族に属していた。おそらくその領袖的存在であった。ジャダラン氏族は、ジャジラダイ（ジャダラダイとも）を祖とした。ジャジラダイは、テムジンから十代さかのぼるボドンチャルの妾であったウリャンカイ部族出身の女と、別の男との間に生まれた人物で、実在したかは疑わしいが、系図上では、モンゴル部族との血のつながりはなかった。

ジャダランは「茶赤剌《チャチラ》」と『遼史』に登場する。その住地はオンギラト部族に近いモンゴル高原東北部で、もとは比較的大きな部族であったとみられる。そののち、何らかの理由で没落し、モンゴル部族と擬制的同族関係を結んで、その傘下《さんか》に入ることに甘んじていた。また、ここまでの物語の流れから、ケレイト部族の支配下にもあったと読み取れる。

そうであっても、動員できる兵力はトオリルと互角で、しかも作戦の遂行能力をみても、トオリルと比べてジャムカのほうが勝《まさ》っていた。もちろんテムジンより、はるかに大きな力をもっていた。今回のメルキト討伐で、ジャムカは自分の実力に気づき、自信を深めたことであろう。テムジンという貴種を利用して、あるいは彼を葬り去ることで、モンゴル部族の簒奪《さんだつ》を企てているとみた……それがボルテの猜疑心《さいぎしん》の正体というのは、いささか深読みし過ぎであろうか。

この出来事ののち、テムジンとジャムカが行動をともにすることは、二度となかった。

青き湖での即位

テムジンの一団は、夜通し移動を続けた。夜が明けて見渡すと、多くの者たちがテムジンに付き従ってきたとわかった。

そのなかには、従兄弟のチャンシウダイの姿があった。『元朝秘史』にその名は明記されていないが、テムジン伯父モンゲトゥ・キャンの子と出てくる。近しい者の支持は、テムジンにとって嬉しかったことであろう。また、ボドンチャルを祖とするボルジギン氏族からも、心ある者がテムジンのもとに駆けつけた。

ボルジギン氏族以外のモンゴル部族の構成氏族からも、バアリン氏族などがテムジンに従った。また、モンゴル部族に古くから隷属していたジャライル部族、バヤウト部族などの者たちもいた。さらに、母ホエルンの弟キンギヤダイをはじめとするオンギラト部族からも、テムジンと行動をともにすべく人々が集まった（七〇頁、表１）。

彼らのなかで、ボルジギン集団に属したバルラス氏族のクビライと、ウリャンカイ部族のスベエテイは、のちに四狗に数えられる建国の勲将となる。

さて、頃合いをみてバアリン氏族のコルチ・ウスンが口を開いた。

「天のお告げがあったのだ。白い牝牛が現れ、ジャムカと彼の天幕車に角をぶつけて片角を折り、角を返せと吼《ほ》え暴れていたら、こんどは角の無い白い牡牛《おうし》が現れ出て、大きい天幕を下床から持ち上げ、それを曳《ひ》きずり吠えながらテムジンの後から、『天の神、地の神が相和《あいわ》して、テムジンを国の主《あるじ》となすよう申されたゆえに、国を載せて持ち来たり』といってやってきたのだ」

この巫覡《ふげき》（シャーマン）を思わせるコルチ・ウスンの狡知《こうち》を働かせた言葉によって、一同がジャムカに背き、テムジンに従ったことが正当化された。こうしているあいだにも、ジャムカの身内であるはずのジャダラン氏族からも、彼を見限った一団がやってきた。

キムルカ川上流のカラカナ宿営地に滞在していたとき、再従兄弟《はとこ》（親どうしが従兄弟）にあたるユルキン氏族のサチャ・ベキとタイチュ、ネクン・タイシ伯父《おじ》の子のクチャル、クトラ・カンの子で従叔父《いとこおじ》にあたるアルタンが、それぞれの家人を引き連れてテムジンに合流した。ふくれあがったテムジンの一団は、そこから出発してヘンティー山地の南部にあるグレルク山に入っていった。その一峰のカラ・ジルゲン山の麓にあるフフ・ノール（青い湖）で、一団は駐営した。

フフ・ノールは、周囲一・二キロメートルの小さな湖水である。周囲は森林地帯となっていて、牧畜をなりわいとした遊牧民の宿営地としては、あまりふさわしくない。ただ、テムジンが生活圏としたことのあるキムルカ、セングル、ブルギ・エルギを頂点とする三角形の重心のような位置にあることから、遊牧の途中で、彼がこの湖を訪れていたことはまちがいないだろう。

図12　フフ・ノール　対岸の山は、黒い心臓の意のハル・ズルフ（古語ではカラ・ジルゲン）という

その地でキヤト氏族の有力者であったアルタン、クチャル、サチャ・ベキは相談し合って、テムジンに忠誠を誓い、「チンギス」という尊号を奉り、カンに推戴した。

チンギスの語源は定かでない。十七世紀後半に成った『蒙古源流《もうこげんりゅう》』という年代記には、テムジンのもとに飛来した五色の瑞鳥《ずいちょう》（吉兆とされる鳥）の、「チンギス」という鳴き声によるとあるが、とうてい信じられない。比較的受け容れられているのは、モンゴル語で大海を指す「テンギス」に由来するという説である。ほかに、内陸アジアの古言語の研究では、宏大《こうだい》とか寛大、あるいは勇猛や荒ぶるといった意味もあるとされる。

カンは氏・部族長、あるいは国王に匹敵するリーダー

表1　フフ・ノール即位の参集者

氏族・部族名		人物名	血縁関係
キャト氏族	テムジン家	ジョチ・カサル、ベルグテイ	テムジンの弟
	チャンシウト	チャンシウダイ	テムジンの従兄弟
	ユルキン	サチャ・ベキ、タイチュ	テムジンの再従兄弟
		クチャル	テムジンの従兄弟
		アルタン	テムジンの従叔父
		ダリダイ	テムジンの叔父
キャト氏族以外のボルジギン氏族集団	ノヤキン	ジュンソ	
	バルラス	クビライ、クドス、スク・セチェン、カラチャル	
	マングト	ジェテイ、ドコルク	
	ネグス（チノス）	チャカアン・ウア	
	ベスト	デゲイ、クチュグル	
	オロナウル	ジルゴアン	
	コンゴタン	スイケトゥ	
	アルラト	オゲレン	ボオルチュの弟
	ゲニゲス	クナン	
	ウンジン		
その他のモンゴル部族	スケケン	スケゲイ・ジェウン	
	バアリン	コルチ・ウスン、ココチョス	
	ドルベン	モチ・ベドウン	
	スルドス	チルグタイ、タキ、タイチウダイ	
	ジャダラン	ムルカルク	
隷属部族	ジャライル	カチウン・トクラウン、カルガイ・トクラウン、カラルダイ・トクラウン、セチェ・ドモク、アルカイ・カサル、バラ	アルカイ・カサルとバラは兄弟
	ウリャンカイ	チャウルカン、スベエテイ	チャウルカンはジェルメの弟
	バヤウト	オングル	
オンギラト部族	オルクヌウト	キンギヤダイ	ホエルンの弟
	イキレス	ブト	チンギス妹の夫
	コルラス	セチウル	
その他	タルグト	カダアン・ダルドルカンほか	
	サカイト		
	不詳	ドダイ、クト・モリチ、タガイ	

の称号で、唯一無二の皇帝を指すカアンとは区別される。このときチンギスは、モンゴル部族長に推戴されたのであったが、じっさいにはキヤト氏族と、反ジャムカ・反タイチウトという一部勢力の代表にすぎなかった。

テムジンにチンギス・カンという尊号が奉られたのは、『蒙古源流』には、己酉《きゆう》の年、すなわち西暦一一八九年とある。そのときチンギスは二十八歳であったという。ただ、その舞台は、ヘルレン川上流域のコデエ・アラルという川中島で、フフ・ノールではない。ほかに、マルコ・ポーロなる人物が著したとされる『東方見聞録』は一一八七年、漢文正史の『元史』は一二〇六年と伝えている。

歴史学の分野では『元史』の記述が史実と考えられている。おそらくそれが正しい。そうではあるが、本書では『元朝秘史』に従い、これ以降、テムジンを「チンギス・カン」と改める（一五二頁で後述）。

このようにフフ・ノールでのカン推戴には、不確かなことが多い。だが、おおかたのモンゴル史家は、部族長に就任したこと自体は史実とみなし、それを「第一次即位」とよぶ。そして、一二〇六年のモンゴル帝国の君主への即位を「第二次即位」として区別する。

カン位に就いたチンギスは、さっそく除目《じもく》（諸官の任命の儀式）をおこなった。生まれたばかりの政権の役職には、糧食の調達と厨房《ちゅうぼう》の管理、天幕を載せた車の修理、下僕の監督、弓矢や太刀《たち》を携えての警備、羊や馬の飼育などが挙げられている（表2）。

表2　フフ・ノール除目

名称	担当者	備考
コルチ（箭筒士）	オゲレン、ジェテイ、ドコルク、カチウン・トクラウン	ジェテイとドコルクは兄弟
バウルチ（食膳司）	オングル、スイケトゥ、カダアン・ダルドルカン	
ホニチ（牧羊司）	デゲイ	
モドチ（営繕司）	クチュグル	デゲイの弟、グチュグルとも
——（僕婢司）	ドダイ	
イルドチ（帯刀士）	クビライ、チルグタイ、カルガイ・トクラウン、ジョチ・カサル	ジョチ・カサルはチンギス弟
アクタチ（厩務司）	ベルグテイ、カラルダイ・トクラウン	ベルグテイはチンギス弟
アドウチ（牧馬司）	タイチウダイ、クト・モリチ、ムルカルク	
イルチ（伝令使）	アルカイ・カサル、タガイ、スケゲイ・ジェウン、チャウルカン	
宮廷の総務	スベエテイ	
宮廷の統括	ボオルチュ、ジェルメ	

あまりの牧歌的な組織に驚くが、多少のちがいはあっても、これが当時のモンゴル高原に活動していた部族社会の実態であった。肝心と思える対外交渉や財政の担当者は置かれていなかった。それらを含めて多くの裁量は、カンに委《ゆだ》ねられていた。また、いうまでもなくカンは軍事の司令官でもあった。カン個人の資質が部民の死活と直結していたといってよい。それゆえ、カン選びはきわめて重要で、慎重を期さなければならなかった。貴種のなかから判断力や統率力に優れた人物を、部族の有力者が合議で選出した。このような方法をクリルタ（歴史学ではクリルタイとも）とよぶ。

除目が終わると、チンギスは、ケレイト部族長トオリル・カンのもとに使者を送り、モンゴル部族のカンに推戴されたことを報告した。トオリルはそれを祝すとともに、モンゴル部族の安定を願うのであった。

第4章　ジャウト・クリ

――若き日の三大合戦

巻四（一二七〜一四七節）では、チンギス・カンの自立成長に大きくかかわったダラン・バルジュト、ウルジャ川、コイテンという三つの戦いの経緯が語られる。ダラン・バルジュトとコイテンの戦いでは、無二の盟友であったジャムカと死闘を繰り広げることになる。死者に鞭打つ残忍な面をもち、有力者を糾合しながらも天に見放されて自滅したジャムカと、敵であっても有為の人物を招き入れる寛大な面をもち、瀕死《ひんし》の重傷を負いながらも九死に一生を得たチンギスという、二人の対照性が浮かびあがる。一方、ウルジャ川の戦いでは、父祖の代からの仇敵《きゅうてき》であった金朝と手を組むという、チンギスの現実主義的な側面も描き出されている。

ダラン・バルジュトの戦い

チンギス・カンは使者をジャムカのもとに送り、即位したことを伝えた。知らせを受けてジャムカは、盟友への祝辞どころか、あからさまに不平を述べた。だが、その不平はチンギスに対してではなく、彼をカンに推挙したアルタンとクチャルに向けたものであった。

「アルタンとクチャルよ。おまえたちがテムジンとおれの仲を引き裂いた。おれらが一緒になっていたときに、なぜテムジンをカンにしなかったのか。いまごろ何を思ってカンにしたのか。おまえたち二人は約束通りにテムジンを安心させ、良き友となってやれ」

アルタンはモンゴル部族の英雄クトラ・カンの子、クチャルは祖元皇帝カブル・カンの曽孫にあたり、いずれも貴種であった。ふつうなら部族の外様《とざま》的位置にいたジャムカにとって、二人は見上げるような存在のはずであった。しかし、この恫喝《どうかつ》めいた意味深長な言葉からは、ただならぬ二人との関係が感じとれる。これから先のアルタンとクチャルの動きを注視してほしい。

さて、ジャムカにはタイチャルという弟がいた。彼はジャラマ山の南にあるオレガイという泉のほとりに住んでいたが、サアリ・ケエルまで出張って、そこにいたチンギス配下のジョチ・ダルマラが所有する馬群を盗んだ。ジョチ・ダルマラは一人で追跡し、夜陰に紛れて馬群に追いつくと、タイチャルを射殺してしまった。

サアリ・ケエルは、ヘルレン川が南から東へと流れを変える屈曲部の西方に位置する。一方のオレガイの泉の位置は定かでないが、現在と当時の地名の対比から、ドルノド県チョイバルサン市西北あたりと推定できる。そうであるならば、その間は約四〇〇キロメートルにもなる。史実か疑わしい点も多分にあるが、この事件は、漢文史料とペルシア語史料のいずれにも記されている。馬泥棒といった小さな事件ではなく、やがて起こる両雄の激突の前《ぜん》哨《しょう》戦《せん》のような出来事があったのかもしれない。

弟の弔い合戦として、ジャムカはみずからのジャダラン氏族と、味方した一三の氏部族から成る三万人を率い、アラウト山とトルカウト山を越え、チンギスを目指して西進してきた。

アラウト山は清代の地図にもあらわれ、ヘルレン川北方で、モンゴル国と中国との国境近くにある。ジャムカの本拠がそれよりも東方のフルンボイル地域にあったとわかる。

ここには一三の氏部族名は記されていないが、チンギスの事績を漢文で記した『聖武親征録』には、タイチウト、ウルウト、ノヤキン、バアリンといったモンゴル部族に属する氏族名がみられる。要するに、反チンギスで結びついたジャムカとタイチウトの連合軍であった。

ジャムカ来襲の知らせは、セングル川源流のグレルク山（ヘンティー山地南部の一峰）にいたチンギスに届けられた。チンギスのもとには総勢三万から成る一三の団営《だんえい》があった。さっそく彼は、それらを率いて、ダラン・バルジュトの地でジャムカを迎え撃った。

団営とはモンゴル語のクリエンを漢訳したものである。当時のモンゴル人は、リーダーとその家族、それに隷属民がともに移動生活を送っていた。その駐営するときの天幕の配置は、リーダーを中心に、隷属民がまわりを取り囲み、環状を呈した。それをクリエンとよんだ。

三万という数はやや誇張に思える。クリエンに属する老若男女のすべての数であろうが、それでも多い。当時の戦争は家族総出で、兵士となる壮丁《そうてい》（成年男子）以外は、武器の補充や修理、食料となる家畜の管理など後方支援を担当した。

『元朝秘史』には一三の団営の内訳は記されていないが、『集史』には簡潔に触れられ、それによるとつぎのように復元できる。

第一団営は母ホエルンが率いる、夫イェスゲイからの家の子郎党たちで構成されていた。

また、第二団営はチンギス自身の僚友や直属の隷属民から成っていた。これらがチンギス軍の根幹であった。わずか二団営とは、いささか心もとない。

第三団営は、カブル・カンの兄弟の子孫たちが率いた。チンギスからみると、同じボルジギン氏族とはいえ、かなり遠い血縁といえる。

第四〜七団営は、カブル・カンの長子の子孫が率いたキヤト氏宗家ともいうべき集団であった。そのなかで第五団営を率いたサチャ・ベキ、第六団営を率いたタイチュの兄弟は、かなりの有力者とみられ、ともにユルキン氏族を束ねていた。

第八、第九団営は、カブルの次子バルタン・バアトルの孫が束ね、後者はチンギス擁立の立役者クチャルが率いていた。また、第十、第十一団営はカブルの四男でカン位を継いだクトラの子たちのものであった。後者を率いたアルタンもチンギスを擁立した一人であった。

第十二団営は、キンギヤト氏族という、おそらくホエルンゆかりの集団であった。また、第十三団営は、タイチウト氏族から寝返ったチャカアン・ウア率いるネグス（チノス）氏集団であった。

戦場となったダラン・バルジュトの位置は定かでないが、ロシアの後バイカル地域から東南流してオノン川に注ぐバルジ川流域という意見が強い。

戦いはチンギス側の敗北に終わった。チンギスはオノン川の最源流にあるジェレネ渓谷に逃れた。ジャムカは凱旋《がいせん》の途中で、裏切り者への見せしめにネグス氏族を七〇個の鉄鍋《てつなべ》で煮殺し、捕らえたチャカアン・ウアの首を切り落として馬の尻尾《しっぽ》につないで引きまわした。ただし、これには異説もある。『集史』『聖武親征録』『元史』は、勝利したのはチンギスであったと伝える。しかも『集史』では、捕虜を鍋で煮殺したのはチンギスであったと記す。こちらが史実ならば、チンギスの人物評は大きく異なることになろう。しかし後出（一六八頁）のように、チャカアン・ウアの勲功を賞して、その遺児にネグス氏族の再興を許していることから、『集史』の記述は誤伝と思われる。

『元朝秘史』は、戦いに敗れたにもかかわらず、ジェレネ渓谷に落ち延びたチンギスのもとに、ジャムカから離反した者が続々と集まったようすを記す。父イェスゲイの最期をみとったコンゴタン氏族のモンリク（三九頁）も、七人の子を連れてやってきた。チンギスは大いに喜び、ユルキン氏族のサチャ・ベキ、タイチュらとともに、オノンの林のなかで宴会を催した。

その酒席で、サチャ・ベキの亡父の三人の妻が、上座を争って喧嘩沙汰《ざた》を起こし、融和の雰囲気に水を差した。また、裏方では、ユルキン氏族の郎党がチンギスの厩舎《きゅうしゃ》から革の手綱を盗むという事件も起こった。警備に当たっていたベルグテイが盗人を捕らえると、ユルキン側から取り締まりに立っていたブリ・ボコ（イェスゲイの従兄弟にあたる。三三頁）が、盗人をかばって太刀でベルグテイに切りつけた。幸い傷は浅かったが、異変に気づいたチンギスはユルキン側を激しく責めた。ベルグテイのとりなしなどもあり、その場は何とか収まったが、チンギスとユルキン氏族との間に隙間風が吹いた。

ウルジャ川の戦い

そのころ金国の皇帝は、タタル部族の頭目の一人であったメグジン・セウルトが反抗的な態度をとったため、王京丞相《オンギンチンサン》にタタル討伐を命じた。

金朝の正史『金史』は、北阻䪁《そぼく》が反乱を起こしたので、その討伐を宗室（皇帝の一族）で右丞相《うじょうしょう》の地位にあった完顔襄《ワンヤンじょう》に命じたと伝える。ときは一一九六（明昌七）年陰暦二月、皇帝は第六代章宗《しょうそう》で、王京丞相とは襄のことである。

金は、タタル部族のことを阻䪁（当時の発音はジュプ）あるいは朮孛《じゅつぼつ》（ジュポ）とよんだ。メグジン・セウルトは、タタル部族のうち、北部の集団を統括していたのであろう。ちなみに遼は、前述（五八頁）のように、ケレイト部族の前身の集団のことを阻卜《そぼく》（当時の発音はジュプ）とよんでいたらしい。同じような発音で紛らわしいが、なぜそうなったのか、理由はよくわからない。

タタルという名称は、モンゴル系部族の総称として、モンゴル高原に君臨した突厥《とっけつ》やウイグルといったトルコ系王朝で用いられた。漢文史料には韃靼《だったん》とあらわれる。いくぶんか侮蔑《ぶべつ》の意味が込められているとの意見もあるが、その語源は定かでない。

この広義のタタルは、大興安嶺山麓の広範囲に暮らし、三〇ほどの氏部族に分かれていた。

そのなかには、のちのタタル部族とともにモンゴル部族の祖先も含まれていた。トルコ系の人々にとって、モンゴル系集団の区別は難しかったのであろう。だから一括してそうよんだ。

しかし、当事者たちは、互いを明確に峻別《しゅんべつ》していたと思われる。タタル部族の祖先は、大興安嶺のなかでも中段西麓の草原地帯に暮らす遊牧民であった。遼や金と接していたので、その文化的影響を受けて、いくぶんか先進的な集団であったと思われる。それに対しモンゴル部族の祖先は、大興安嶺の北部の森林地帯で半猟半牧の生活を送り、アムール川流域のツングース系や後バイカル地域のトルコ系の文化の影響を多分に受けていた（終章で詳述）。両者の間では、生活様式だけでなく、見かけや言葉も異なっていたはずである。

いつしかタタルという名称は、タタル部族だけに受け継がれた。そうした理由もわかっていない。自称か他称かもわからない。居住地跡や墓もみつかっていない。彼らはいまだ謎だらけの集団なのである。

さて、金軍は東軍、西軍、それに別動隊の三つに分かれ、まるで羊の群れのようにタタル部族を追い立てながら北上した。その具体的経路が、モンゴル国ヘンティー県バヤンホタグ郡にあるセルウェン・ハールガ山中腹の大岩に刻まれた戦勝記念碑から明らかになった。そこには明昌七年六月に完顔襄が撰文《せんぶん》した女真文碑（金では女真語とそれを表す女真文字が通用していた）と漢文碑がある。漢文碑は私たち調査隊の踏査で一九九一年にみつかった。

両碑の解読によると、襄が率いた本隊は、金の北辺経営の要衝であった臨潢府《りんこうふ》（かつての

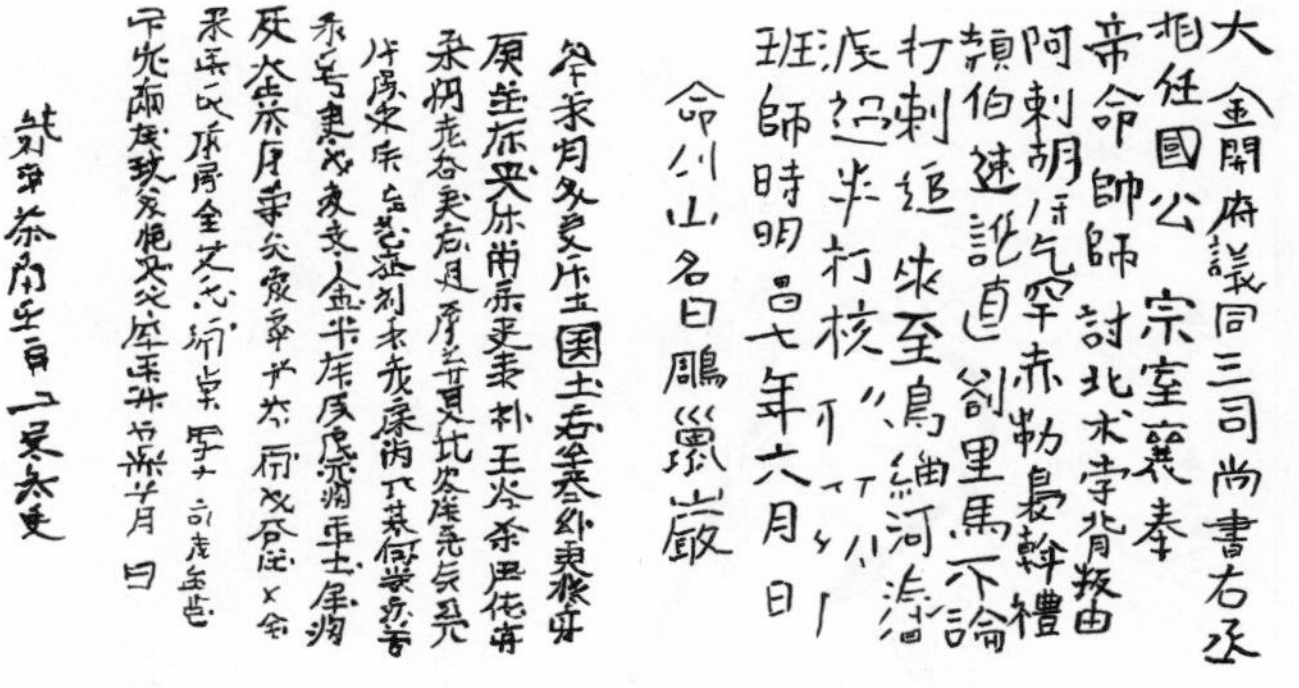

図13　セルウェン・ハールガ碑文　左は女真文字、右は漢字で、いずれも拓本に忠実に作成（寸法不同）

遼の都。現在の内モンゴル自治区バリン左旗《さき》）を発し、大興安嶺を越えて内モンゴル東部の「阿剌胡麻乞《アラフマキ》」草原、「罕赤勒《カンチレ》」塩湖を経由して外モンゴルに入り、「斡礼頼《オリライ》」でヘルレン川を渡って「伯速《バイス》」、「訛直剳里馬《オチチャリマ》」、「不論打剌《ブルンダラ》」山を通り、「烏緇河《ウジがわ》」（ウルジャ川）の谷までやってきた。その行程は七〇〇キロメートルに及ぶ。

チンギスのもとに、タタル部族が金軍に追い立てられ、こちらに向かっているとの知らせが届いた。父祖の仇を討つ好機到来と、チンギスはケレイト部族のトオリルに助力の出馬を要請した。トオリルはそれを快諾した。二人はユルキン氏族のサチャ・ベキとタイチュにも加勢を命じた。ダラン・バルジュトの戦いではチンギスと行動を共にした間柄であった。しかし、六日待ってもサチャ・ベキとタイチュは現れなかった。仕方なくチンギスとトオリルは出陣し、ウルジャ川上流に向かった。タタル部族の一

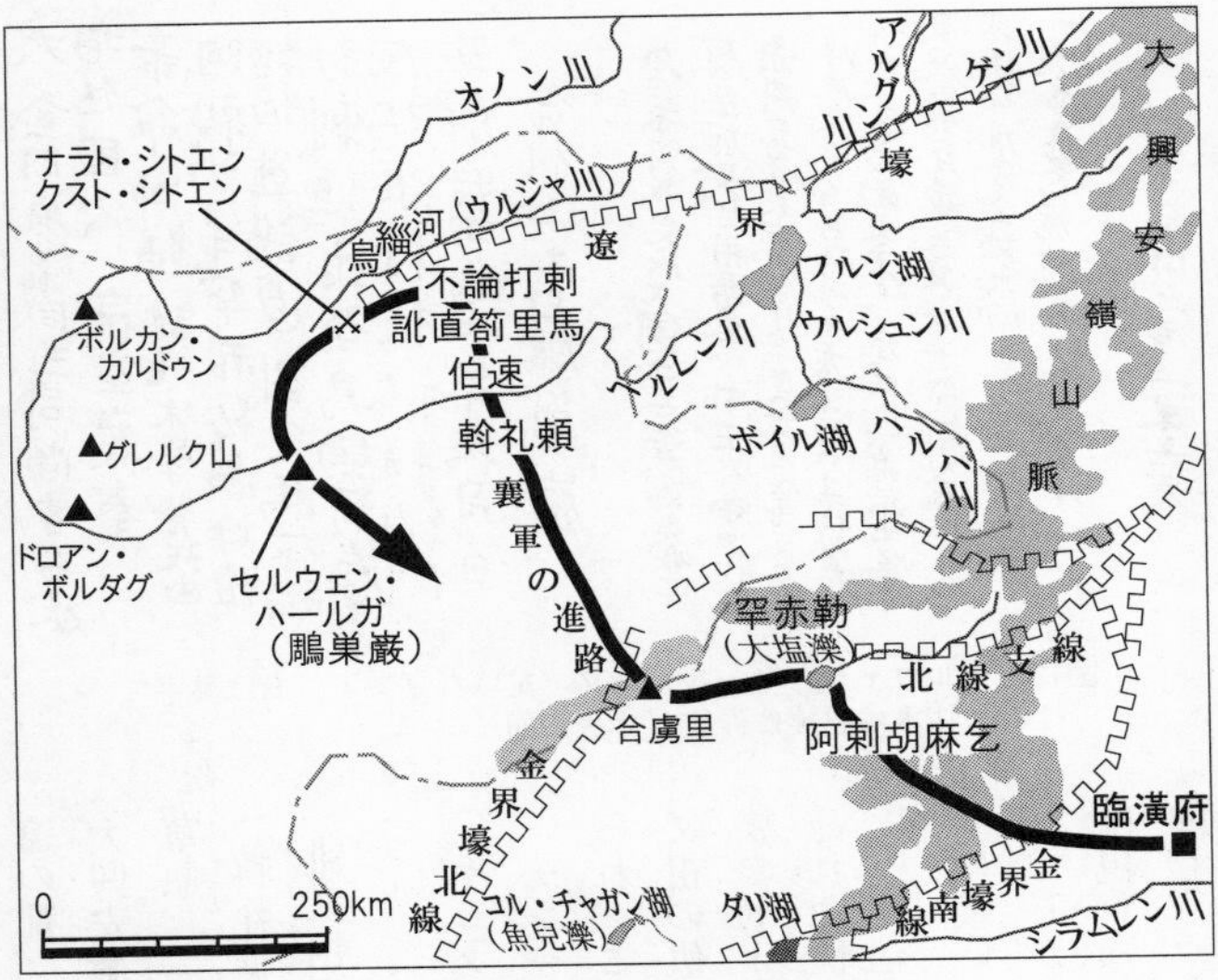

図14　ウルジャ川の戦いの関連地図

団はナラト・シトエンとクスト・シトエンというところにある砦《とりで》に立《た》て籠《こ》もっていた。

ウルジャ川は現在ではオルズ川とよばれる。モンゴル国東北部の山間を流れる全長三五〇キロメートルのモンゴル高原では中規模の河川である。近くには十一世紀前半に遼によって築かれた砦の遺跡が点在している。土造りの壁で方形に囲まれ、その一辺は四〇メートルほどである。遼はオルズ川付近を北の国境とし、川沿いに延びる界壕《かいごう》という土塁を築いてモンゴル部族の祖先と対峙《たいじ》していた。この砦は界壕の付属施設であった。タタル部族の一団はその廃《すた》れた砦に拠った。

ウルジャ川の戦いでは大雨が降り、

十人中八、九人が凍死したと『金史』完顔襄伝は記す。季節は初夏であったが、みぞれが降ることは、同地では珍しくない。しかも一一九〇年代は、近年の古環境学の研究から、現在よりも夏の気温がかなり低温であったといわれている。

チンギスとトオリルは、砦を落としてメグジン・セウルトを捕らえて殺し、宝石で飾られた豪華な品々を戦利品とした。戦場には高貴な生まれとみえる男の子が取り残されていた。チンギスからこの子を贈られた母ホエルンは、シギ・クトクと名づけて大切に育てた。その子がのちに戸籍を作り、徴税制度を整えるなど、モンゴル帝国の礎《いしずえ》を築くことになる。

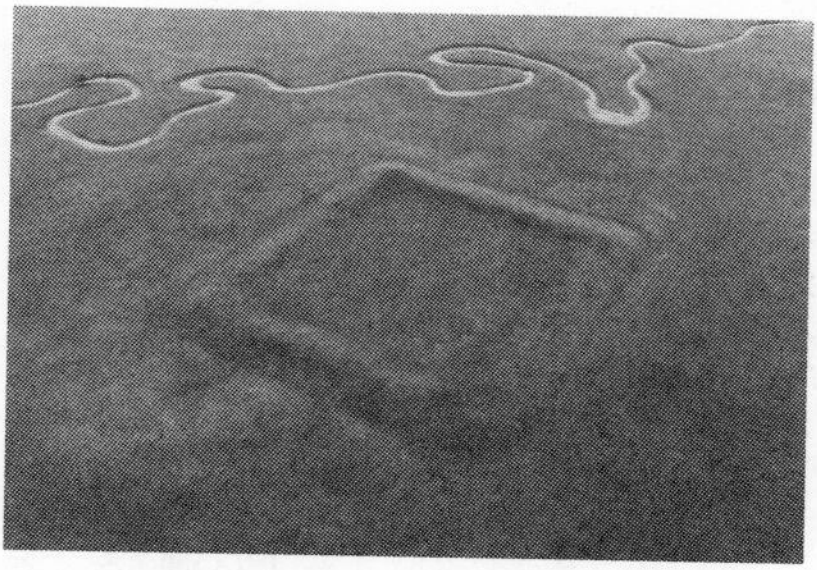

図15　遼界壕に設けられた堡　モゴイト城とよばれ、囲壁の一辺は約40メートル。周囲には松や白樺の林が広がり、ナラト・シトエン（松の砦〔祭場の意とも〕）かクスト・シトエン（白樺の砦〔同前〕）の可能性がある

王京丞相は、チンギスとトオリルがメグジン・セウルトを殺したと聞くと大いに喜んで、トオリルに「王《オン》」の称号を、チンギスには「ジャウト・クリ」という位を授けた。さらにチンギスには、金国皇帝に武功を上奏して、「招討《じょうとう》」にすることを約束した。

トオリルが得た王の称号は、モンゴル高原の支配権を金から認められたことを意味する。これにちなんで、トオリルは王《オン》カンともよばれるようになる。

一方、チンギスに与えられたジャウト・クリについては諸説あるが、金の国境を防備する役目であったことは確かである。つまり、それまでメグジン・セウルトが担当していた任務を継いだことになる。国境警備隊長といったところか。それに対して招討は、辺疆《へんきょう》の行政と軍事を担う官署「招討司」の長官「招討使」のことで、金朝の官制ではかなりの高位であった。完顔襄の言が史実としても、じっさいに任命されたとは考えられない。そうであっても、金側に与《くみ》したことで、この先のチンギスの人生は、大きく転換することになる。

さて、そのときチンギスの留守営はハリルト湖にあった。そこはジャムカの弟タイチャルに馬を盗まれたジョチ・ダルマラがいたサアリ・ケエルに程近い（七七頁）。タタル部族を迎撃しようというチンギスの誘いを断ったユルキン氏族の者たちは、こともあろうにチンギスの留守を襲い、五〇人の着物を剝ぎ、一〇人を殺した。

知らせを聞いたチンギスは、怒りに震えた。すぐさまユルキン討伐に向かい、ヘルレン川屈曲部のコデエ・アラルという川中島の北にある、「七つの小高い丘《ドロアン・ボルダグ》」にいたユルキンの民を捕らえた。首領のサチャ・ベキとタイチュの二人は、その場から巧く逃げたが、チンギスの執拗な追跡でまもなく捕らえられ、首をはねられたうえ、遺骸《いがい》はその場に棄《す》てられた。

残ったユルキンの民は、すべてチンギスのもとへ降《くだ》った。そのなかにはジャライル部族の民も含まれていた。彼らは、第1章（三〇～三一頁）で触れたように、モンゴル部族の遠い祖先のカイドゥに敗れて隷属した者の子孫とみられる。

このとき、四駿と称される猛将となるムカリとボロクルがチンギスの配下になった。そのうちボロクルは幼児であったと明記されているが、この先の彼の事績をみると、すでに妻帯していないと辻褄が合わない（一六六頁で後述）。このような年齢の齟齬《そご》は『元朝秘史』の記述にしばしばみられる。なお、ジェレネ渓谷の酒席でベルグテイに切りつけたブリ・ボコ（八〇頁）は、怪力と聞こえたベルグテイ自身によって圧殺された。

グル・カー

『元朝秘史』一四一節の冒頭には、「酉《とり》の年」と初めて年が記されている。これは辛酉《しんゆう》、すなわち西暦一二〇一年のことである。この節以降、『秘史』の記述はおおむね編年体《へんねんたい》（年代の順に従って叙述する形式）になるが、『集史』や『聖武親征録』と比べてみると、少なからず年代にズレがあることに注意を要する。そこには、時期の異なるいくつかの出来事を都合よくまとめてストーリーを作り上げるという、『秘史』に特有な綴り方がある。

さて、この年に何があったかというと、カタギン、サルジウト、ジャダラン、タイチウト、ドルベンといったモンゴル部族系の諸氏族に、イキレス、コルラスというオンギラト部族系の氏族、オンギラト部族、さらに、これまでジャムカとは敵対関係にあったオイラト、タタル、ナイマン、メルキトといった部族の領袖がアルグン川とゲン川（根河《ゲンホー》）の合流点に集い、ジャムカを彼らの首領として祭りあげた。

そのときジャムカは「グル・カー」という位に就いたとある。ただ、グル・カーと記すのは『元朝秘史』のみで、『元史』などほかの史料は「グル・カン」に即位したと記している。グル・カンとは西遼《せいりょう》（遼の後継国家）の君主号で、〝あまねく支配者〟といった意味がある。傍訳には「普皇帝（あまねく皇帝）」とあるので、グル・カーとグル・カンは同義ということになる。そこでほとんどの翻訳書は、カーには触れず、このときジャムカはグル・カンに即位したとのみ記している。

当時、首長の称号はカン（もしくはカアン）であった。カーとはいったい何なのか。この「カー（中合）」は「カン（中罕）」あるいは「カアン（中合罕）」の誤記ではない。『元朝秘史』では六か所にみられ、意図的に記されたことはまちがいない。カーの使用の背景は、しっかり考究されなければならない。

言語学者の小澤重男は、「カー」は「カン」が格変化したもので、述語の目的語（「〜を」）にあたる形と考えた。たしかに「クトラにカーを与え……」（巻一、五七節）や、「ジャムカにカーを与えよう」（巻四、一四一節）という場面にあらわれている。しかし、同じ述語「与える」を用いた文章でも「オゴデイ・カアンにカンを与えた」（巻一二、二六九節）というように、カンがそのまま目的語として使われた例も存在している。

また小澤は、カーには不特定の多くの氏部族の首長という意味があるという。たしかに、ジャムカは複数の氏部族によって推戴されていた。だが、チンギスの大叔父《おおおじ》（祖父の弟）クトラが、モンゴルという特定の部族の首長に就任した場面にもカーがみえるので（前掲の巻一、五七節）、この解釈にも難がある。

このようにカーについてはよくわかっていない。その解明は言語学者や文献史学者の後考に委ねたいと思うが、私案として、カンと同じく、カーも当時の氏部族長の称号のひとつであったという説を提示したい。

グル・カンであったならば、モンゴル高原全体の統治者という意味合いがある。『元朝秘史』では、オイラトやナイマンなど高原西部に割拠する大部族までもが、こぞってジャムカを推戴したように書かれている。それならばグル・カンでかまわない。しかし『集史』には、イキレス、カタギンなど高原東部の氏族の名前だけしかみえない。反チンギスの旗のもとに集まった氏部族の頭目というのが、じっさいのところであろう。そのような者にグル・カンはふさわしくない。そこでグル・カンとの差別化をはかるために、グル・カーが用いられたのではないか。おそらくカーは、カンよりもランクが下位であった。

それでは、なぜ、モンゴル高原古来のカンやカアンではなく、また、トオリルのように中国王朝由来の「王」でもなく、西遼由来の「グル」を冠した称号を用いたのか。そこには西遼の影が見え隠れする。

コイテンの戦い

即位式が終わると、ジャムカは連合軍を率いてチンギス討伐に出撃した。グレルク山でその知らせを聞くと、チンギスとトオリルは迎え撃とうとヘルレン川を下った。フルンボイル方面のチェクチェル山とチクルグ山には斥候《せっこう》を放った。チンギス軍の先鋒《せんぽう》のアルタン、クチャル、それにトオリルの子のセングンがウトキアという場所に至ったとき、チクルグ山に放っていた斥候が敵の接近を報じた。ジャムカ軍の先鋒はタイチウト氏族のアウチュ、ナイマン部族のブイルク（ナイマンの君主の子。一二六頁に後述）、メルキト部族のトクトア・ベキ、オイラト部族のクドカ・ベキの四人であった。両軍の先鋒は気勢をあげ合ったが、夜に入ったので各本隊に帰って宿営した。

翌日、両軍はコイテンの地で対陣した。開戦前に敵軍のブイルクとクドカ・ベキが「ジャダ」という呪文《じゅもん》を唱えると、にわかに激しい風雨が起こった。相手を苦しめるための呪術のはずが、逆に味方に冷たい雨が吹きつけた。ジャムカ軍の兵士たちは倒れ伏し、「天に見放された」といいながら潰滅《かいめつ》した。

この一連の流れは、一二〇一年から翌年にかけて起こったことである。前述のように、ここにも複数の出来事を都合よくまとめて、ひとつのストーリーを作るという『元朝秘史』の特徴が強くあらわれている。他の史料によれば、その二年間にチンギスとジャムカは少なくとも二度対戦したはずである。グレルク山を発してヘルレン川を下った場面は、ボイル湖畔

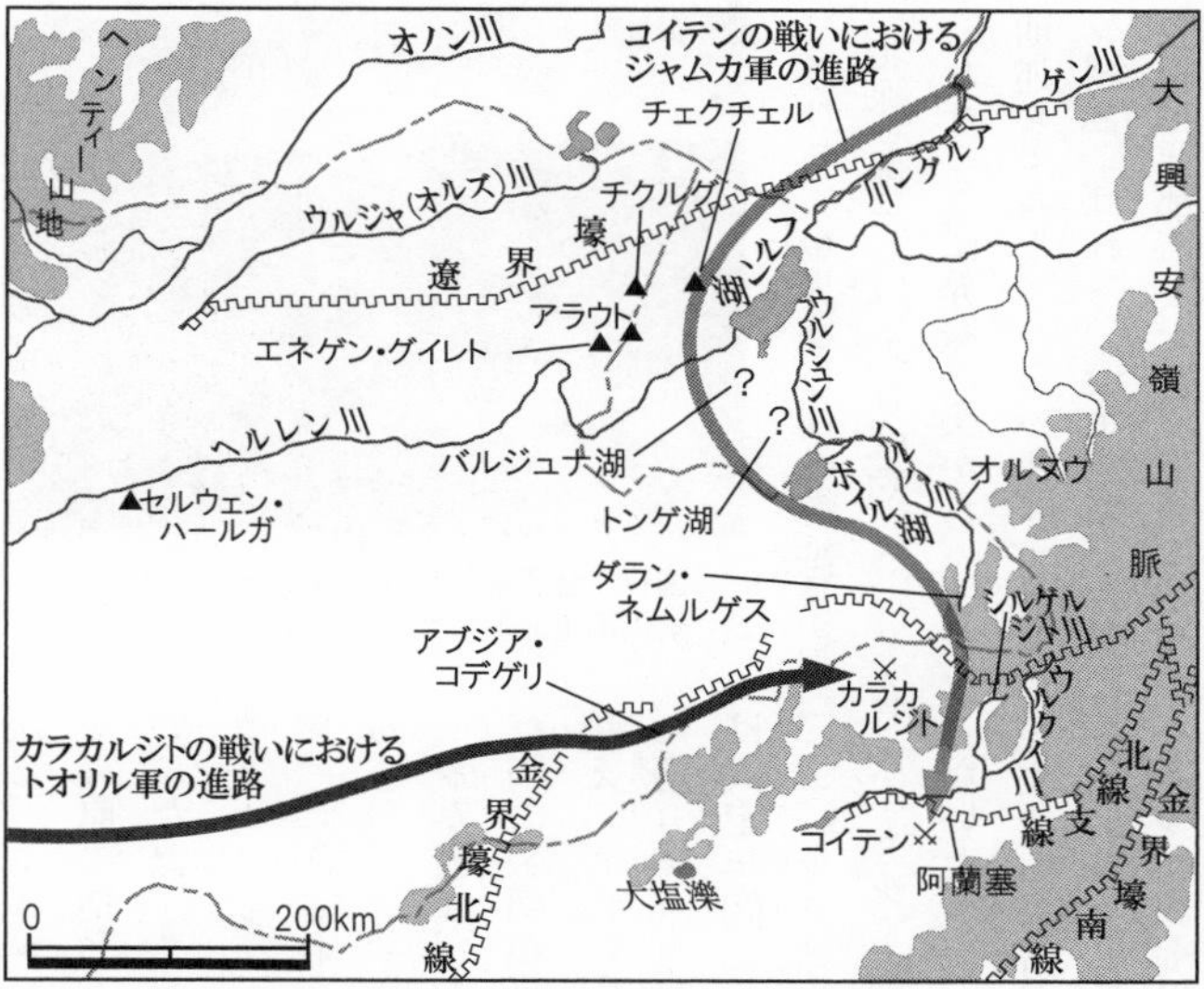

図16　ジャムカ・トオリルとの戦いの関連地図　おもに『集史』と『聖武親征録』から復元。白石典之著『チンギス・カン』での比定を改めた箇所がある

で戦ったときのことであろう。唐突にナイマンやオイラトといった高原西部の部族が出てきたのは、当時トオリルと交戦状態にあったからである。それらの経緯は省略されており、背景を知るには、ほかの史書を繙《ひもと》くしかない。

　コイテンの戦いとモンゴル史家のよぶこの出来事は、『集史』『聖武親征録』『元史』ともに一二〇二年に起こったとする。これらの史書に、ウルクイとシルゲルジトという二つの川が記されていることから、舞台は現在の内モンゴル自治区東ウジュムチン旗《き》（県級の行政区）とわ

図17　**金界壕**　現存高は3メートルほど。陰山山脈北麓にて

かる。コイテンとは寒いとか冷たいという意で、モンゴル高原の地名としては比較的多く、特定することは難しい。ただ、チンギス軍の先鋒が宿ったウトキアには防塁があり、近くには「阿蘭塞《あらんさい》」という砦があったと『元史』に記されていることから、金界壕の近くと想定できる。

金界壕は、モンゴル部族など北方遊牧民の侵入を防ぐために金朝が築いた長城で、土塁と壕《ほり》から成り、騎兵が越えられない程度の高さと幅をもっていた。守備隊がいた塞《さい》（堡《ほ》）も点々と併設されていた。ウルクイ川流域には大定《だいてい》年間（一一六一〜八九年）に築かれた界壕が東西に延びる。金界壕自体は総延長約三三〇〇キロメートルにも及ぶが、ウルクイ川流域を通る「北線支線」だけみれば約四〇〇キロメートルである。

なぜここに界壕が築かれ、チンギスがいたのか。それは大塩濼《だいえんはく》が関係している。大塩濼は、前述のセルウェン・ハールガ碑文に出てきた罕赤勒《カンチレ》ともいう塩湖（八三頁）で、現在ではエジ湖とよばれる。遼金代に、良質な塩の産地として重要視されていただけでなく、高原と遼金の主要都市とを結ぶ交通の要衝でもあった。そのためモンゴルなど北方遊牧民の略奪の好対象とされた。金はそれを守るため界壕北線を築いた。チンギスはジャウト・クリとして、その防備にあたっていたとみられる。

『元朝秘史』に戻ろう。敗れたジャムカは、自分をグル・カーに推戴した民をまとめてアルグン川沿いに退却した。トオリルがこれを追った。一方、チンギスはオノン川方面にタイチウトを追った。この戦いの途中、チンギスは頸部《けいぶ》に毒矢を受けた。血が止まらず、意識が遠のいたが、ジェルメが傷口に溢《あふ》れた毒血を吸い、夜通し看護したおかげで一命をとりとめた。するとジェルメは、下帯ひとつで敵陣に忍び込み、ヨーグルトを奪ってきて、それを水で薄めて目覚めたばかりのチンギスに飲ませた。チンギスに正気が戻ってきた。ブルギ・エルギでメルキトに襲われたとき、そして今回の毒矢、ヨーグルトと、チンギスはジェルメに三度救われた。その恩は彼の胸に深く刻まれた。

夜が明けてみると、タイチウトの兵士は遁走していたが、逃げられないと諦《あきら》めた民は一塊になって留《とど》まっていた。そのとき丘の上から「テムジン、テムジン」と泣き叫んでいる声がした。誰かと尋ねると、ソルカン・シラの娘カダアン（四八頁）であった。翌日には、ソルカン・シラもやってきた。幼少のとき、タイチウトの追手から匿ってくれた恩人一家であった。ソルカン・シラは一人の若者を連れていた。その名はジルゴアダイといった。彼は口を開いた。

「コイテンで対陣していたとき、カンの馬を射て、その顎《あご》を砕いたのは私です。いまカンが私を殺せば、わずかな地面を血で汚すだけですが、もし命をお許し下されば、カンの馬前で、深い水を渡って白い石を砕いて参りましょう。至れと仰せの地で青い石を砕き、行けと仰せの地で黒い石を砕いて参りましょう」

チンギスは、ジルゴアダイの正直で潔い姿に心を動かされ、

「敵は、自分が殺したり、背いたりしたことを包み隠すものだが、この者はみずから告げた。これは友とすべき人物だ。戦う馬の顎を射たのだから、これからはジェベ（戦う、または鏃《やじり》という意）と名乗り、わしに仕えよ」

といった。

このののちジェベは、四狗と称される勇将の一人としてつねにチンギス軍の先鋒にあり、西征では遠くコーカサス（カフカス）山脈を越え、東欧の平原で武功をあげることになる。

第5章　留鳥と渡り鳥
――ジャムカの策謀

巻五（一四八〜一六九節）では、チンギス・カンとケレイト部族長トオリルとの関係に、徐々に亀裂《きれつ》が広がっていくようすが語られる。チンギスは、タイチウト氏族を滅ぼしてモンゴル部族を統一し、つづいて宿願であったタタル部族を殲滅《せんめつ》する。戦いにのぞんで、軍法を整え、たとえ近親者であろうとも、犯した者は厳重に処罰するチンギスの姿勢には、大部族の統率者としての自覚がみてとれる。私的な面では、新たに二人の妻を迎えた。チンギスの前途は順風満帆にみえた。しかし、そこにジャムカが立ちはだかる。彼の調略によってチンギスを裏切ったトオリルとセングンの父子は、チンギスを葬り去るための策をめぐらす。

信賞必罰

チンギス・カンは、文字通り骨肉の争いを演じてきたタイチウト氏族を破り、その血につながる者を子々孫々に至るまで葬り去った。かつてホエルン母子を冷遇したタイチウトの領袖タルグタイ・キリルトクは、逃げて藪《やぶ》のなかに潜んでいたところを、バアリン氏族のシルグエトと、その二子のアラクとナヤアにみつかり捕らえられた。

バアリン氏族はボドンチャルを祖とするモンゴル部族古来の名族であったが、当時は勢いが衰えてタイチウト氏族に隷属していた。つまり、タルグタイはシルグエト父子にとって主君にあたった。

タルグタイを車に載せて、チンギスのもとへ引き連れて行く途中、ナヤアはこういった。

「もしタルグタイを捕らえて連れていけば、チンギス・カンは『主人に手を下した者は信用できない』といって、われらを斬《き》るにちがいない。むしろタルグタイを釈放し、ただひたすら『チンギス・カン様のお役に立ちに参りました』と申し出るほうがよい」

ナヤアのこの知謀をめぐらせた案にシルグエトとアラクも賛同して、タルグタイを放してやった。

ナヤアの読みは当たった。家来になりたいとやってきたシルグエト父子にチンギスは、

「主君を手にかけてきたのなら、父子とも斬ったであろう。主君を棄てかねた心は、まことに殊勝である」

といって、ナヤアに恩賞を与えた。

下剋上《げこくじょう》が当たり前であった当時のモンゴル社会において、部族統一を目指すチンギスが重視していたのは、確固たる主従関係に基づく、安定した政権基盤であったとみられる。血縁よりも武士道のような道徳的規範で結ばれた関係が、草創期のチンギス政権の間で求められていたことは、『元朝秘史』の作者の思いが多分に反映しているといえども、これまでの四狗四駿が臣下となった経緯などから明らかであろう。ナヤアは聡《さと》く、そのことを見抜いていたにちがいない。

なお、ナヤアの事績は、ほかの史書にはあまり詳しくないが、『秘史』には、知恵を働かせた活躍でこののちも登場し（一三九〜一四〇頁）、一万人の兵を統括する万戸長《ばんこちょう》にまで昇進したと記されている（一七〇頁）。ただ、処世に長《た》けたところに反感をもたれたようで、『秘史』の作者も「口先だけのナヤア」と記して揶揄《やゆ》している。

さて、長きに及んだモンゴルとタタルの熾烈《しれつ》な戦いも、いよいよ終わりを迎えようとしていた。チンギスは、タタル部族連合を構成するチャガン、アルチ、ドタウト、アルカイという四つの氏族と、ダラン・ネムルゲスの地で対戦した。

ネムルゲスは、モンゴル国最東端を流れる小河川の名で、現在はヌムルグ川という。これは一九三九年に起こったノモンハン事件の戦跡を流れるハルハ川の源流にあたる。ダランとは「七〇」のことで、それには「たくさんの」という含意がある。一方のネムルゲス（ヌムルグ）は風の弱い土地をいう。丘陵と小さい谷が入り組んだこの地にふさわしい名といえる。

チンギスたちは戦いを始める前に軍法を話し合い、戦利品は武功に応じて分配するので、勝手に私物としてはならないことなどを定めた。

モンゴル軍はダラン・ネムルゲスでタタル軍を打ち破ると、その勢いでウルクイ川とシルゲルジト川の流域（内モンゴル自治区東ウジュムチン旗《き》）に攻め入った。そこでタタル部族をことごとく虜《とりこ》にし、多くを殺して根絶やしにした。

その最中、チンギスの父イェスゲイの従兄弟アルタン、チンギスの従兄弟クチャル、叔父のダリダイの三人は、さきに定めた軍法に反して戦利品をほしいままにした。チンギスは四狗とよばれた勇将のなかからジェベとクビライの二人を派遣して、略奪した馬や財貨をみな没収した。たとえ年長の親族であっても、チンギスは遵法《じゅんぽう》を貫いた。

なお、『元朝秘史』では、この一連の戦いを戌年《いぬどし》（一二〇二年）の秋の出来事とするが、『集史』や『聖武親征録』では、ダラン・ネムルゲスの戦いを、それより二年ほど前のこととして記している。

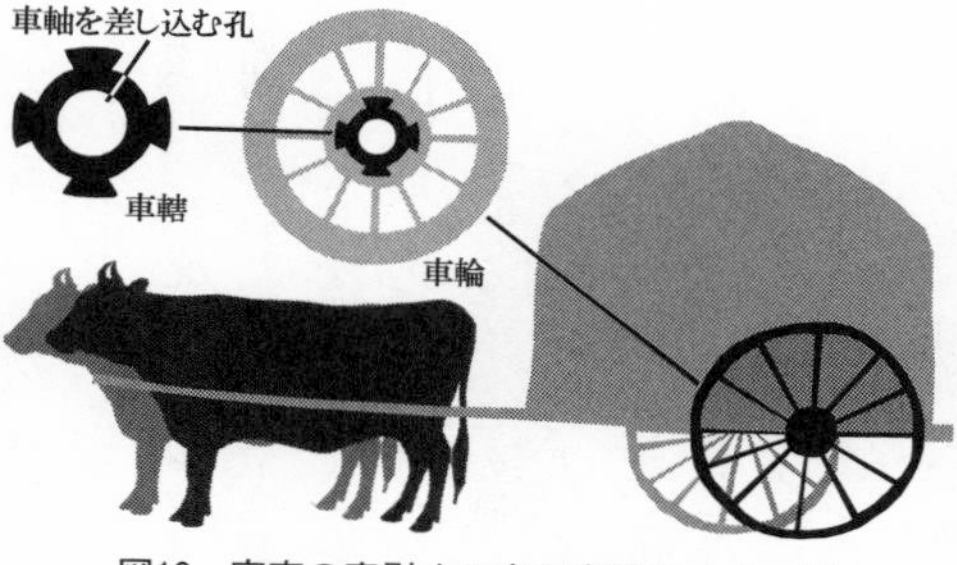

図18　家畜の牽引する車と車轄のイメージ

戦いが終わると、捕らえたタタル部族の民の処分について、チンギス一族がひとつの天幕に集って話し合った。当時のモンゴル部族内の意思決定が、チンギスの独断専行ではなく、合議で決められていたというのは興味深い。

この話し合いでは、父祖の代からの宿怨を晴らすべく、背丈が車轄《しゃかつ》の高さを超えた男はすべて殺し、残りは奴隷にすると決した。車轄とは、車輪と車軸の間に用いる環状の鋳鉄《ちゅうてつ》部品のことで、車輪が車軸からはずれることを防ぐ。ここでいう高さとは、天幕を載せた牛車の地面から車軸までと思われる。当時の天幕車の複製品を参考にすると、おおむね小型車なら五〇センチメートル、大型車の場合は一メートルと推定できる。つまり、幼児以外の男の命は助からなかった。

その決定をチンギスの弟ベルグテイが、タタル部族の領袖イェケ・チェレンに漏らしてしまった。伝え聞いたタタル部族の虜囚は、死なばもろともと、ウルクイ川沿いに残っていた金朝が築いた堡塁に立て籠もった。袖《そで》に小刀を隠し持ち、一人一殺《いちにんいっさつ》とばかりに最期まで抵抗した。これを降《くだ》すのにモンゴル側は多くの兵を失った。部外秘を漏らしたことで味方に大きな損害を与えたベルグテイは、こののち一族の話し合いの場への出入りを禁じられた。

話は変わるが、この戦いのなかでチンギスは、タタル部族の領袖イェケ・チェレンの娘のイェスケンを見初めて、妻に迎えた。

チンギスには生涯で三九名の后妃《こうひ》がいたと『元史』にある。正后《せいこう》ボルテのほかに、とくに寵愛《ちょうあい》された三名の后妃がいた。ボルテとこの三名は「四大オルド」と称される。イェスケンもその一人に数えられた。

オルドとは、モンゴル高原とその周辺に栄えた遊牧王朝の、政権の中枢や君主の生活にかかわる多義の用語で、宮殿や宮廷のほか、この場合は後宮《こうきゅう》を意味した。ボルテ、イェスケンらの四后妃は、それぞれオルドを主宰し、各オルドにはほかの后妃たちが分属していた。たとえばボルテのオルドには七名、イェスケンのオルドには一一名の后妃が属していた。オルドは、チンギスからの賜与《しょ》を受けながら、手工業や商人を介した利殖などで経済的に自立した組織で、四后妃は宮廷内で大きな発言権をもっていた。

イェスケンは、自分の姉イェスイのほうが聡明で美しく、チンギスにふさわしいと告げた。早速チンギスはイェスイを探し出し、妻として迎え入れた。イェスケンは一段下がって姉に礼を尽くした。のちにイェスイも四大オルドのひとつを担い、九名の后妃を束ねた。

歴史家は、ボルテが束ねた後宮を大オルド（第一オルド）、イェスイの後宮を第三オルド、イェスケンの後宮を第四オルドとよぶ。第二オルドを束ねることになるクランが登場するのは、少し先の話となる（一三九～一四〇頁に後述）。

ケレイトの内紛

チンギス・カンがタタル部族と戦っていたころ、ケレイト部族長のトオリルは、メルキト部族の討伐のためセレンゲ川方面に出兵した。メルキトの領袖トクトア・ベキをバイカル湖東北岸のバルグジンに逐《お》い、トクトアの長子を殺したうえ、トクトアの妻妾、二人の娘、二人の息子、隷属民などを奪う大勝利をあげたが、チンギスへの戦利品の分配はなかった。

参戦していなければ、分配を得られないのはとうぜんかもしれないが、あえて記されていることからみて、当時のチンギス周辺では、同盟を結んでいる者には、このような場合でも何らかの戦利品の分配があったとみられる。だが、トオリルはそれをしなかった。トオリルには人の上に立つ資質が欠落していたことを、この挿話は言外ににおわせている。

そのトオリルのここまでの人生は、波瀾万丈《はらんばんじょう》であった。

トオリルは、ケレイト部族長のクルチャクス・ブイルク・カンの長子として生まれた。七歳でメルキト部族に捕らえられて、セレンゲ川のほとりでキビ（黍）の臼《うす》つきをさせられ、また、十三歳のときにはタタル部族の虜となって、ラクダの放牧をさせられていたという。クルチャクスには四〇人もの子供がいたとされ、トオリルの不在のあいだに、継嗣《けいし》の地位はほかの弟へと渡っていた。するとトオリルは、こともあろうに継嗣の弟を殺してしまう。それに激怒した叔父のグル・カンの攻撃を受け、わずか一〇〇人を連れて脱出して、命からがらチンギスの父イェスゲイのところへ逃げてきた。イェスゲイはトオリルを助けて出馬し、グル・カンを西夏（タングト部族が建てた国。二〇〇頁に後述）領の河西《かせい》回廊（甘粛《かんしゅく》省西北部にあるオアシス地帯）へと追放し、その民と家財道具を奪ってトオリルに与えた。これを機に、イェスゲイとトオリルはアンダ（盟友）の契りを交わした。

その後（『集史』によると一一九六年の春のこと）、トオリルは弟のエルケ・カラを殺そうと企《たく》らんだ。エルケ・カラはナイマン部族のイナンチャ・ビルゲ・カンのもとに身を寄せた。イナンチャ・カンはエルケ・カラに助力し、トオリルに向かって攻めてきた。抗しきれないと観念したトオリルは、西夏、ウイグルを経て、チュイ川（現キルギス）のほとりにいた西遼の皇帝のもとに逃れた。しかし、そこで西遼皇帝に叛《そむ》き、ふたたびウイグル、西夏の地を経て、困窮しながらモンゴル高原まで戻ってきた。

チンギスは、父の盟友で、みずからも親子の契りを結んでいたトオリルを見棄てることができなかった。行くあてもないトオリルを、ヘルレン川上流のブルギ・エルギから迎えに行き、自分の宿営に迎え入れ、隷属民から税を取り立てて養った。

そのいきさつを知っているトオリルの弟ジャカ・ガンボやケレイト部族の重臣たちは、「王《オン》カン（トオリル）には徳がなく、よこしまな心を抱いている。彼は弟を殺した。いま、困窮していたところを救い養ってくれたテムジンに対して、恩を忘れ、悪心を抱いている。どうしたらよかろうか」と密談した。

これに加わっていたアルトン・アシュクという者は、主君を裏切れないとして、トオリルに密談内容を告げてしまった。

トオリルは大いに怒り、密談に加わった者たちをことごとく捕らえさせた。縄で縛りあげ、彼らの顔に唾《つば》を吐きかけてから縄を解かせた。トオリルに倣《なら》って、同席していた臣下たちも、みな唾を吐きかけた。ジャカ・ガンボだけは逃れてナイマン部族のもとに身を寄せた。

こうした身内にさえ冷酷で、義理や人情を軽んじるトオリルの姿は、つぎの事件の伏線となっている。

トオリルの背信

金朝からモンゴル高原の支配者「王」として承認されたトオリルは、ナイマン部族を殲滅すべく、チンギスをともなって出陣した（『集史』は一二〇二年秋とする）。

ナイマンとは「八つの」という意味で、文字通り八つの氏族から成る連合体であった。ハンガイ山地からアルタイ山脈にかけての高原西部一帯を支配し、中央アジアの西遼の影響下にあった。先のコイテンの戦いにジャムカ側として名を連ねていたことから、そのころ東方へと勢力拡大を目論んでいたとわかる。金朝の手先となっていたチンギスとトオリルにとって、西遼の影のちらつくナイマンの動きは看過できなかった。

チンギスたちは、アルタイ山脈北部のソゴグ川（現在のモンゴル国バヤン・ウルギー県）にいたナイマン部族のグチュグト・ブイルク・カンを攻めた。アルタイ山脈を越えて西に逃げるブイルクを追って、チンギスらはキジル・バシ湖（現在の中国新疆《しんきょう》ウイグル自治区のウルング湖）に至り、ブイルクを撃破した（ただし、『聖武親征録』では同様の戦いを一二〇六年のこととする。いくつかの対ナイマン戦が交錯しているとみられる）。

凱旋するチンギス・トオリル隊を、ナイマン部族のコクセウ・サブラクという老練の名将が、ハンガイ山地南麓のバイダラグの原で待ち構えていた。チンギスとトオリルは戦闘態勢を整えたが、日没を迎えたため、対陣したまま野営することにした。

ところが、こともあろうにトオリルは、陣地の焚火《たきび》をそのままにして、夜陰に紛れてカラセウル川（現モンゴル国バヤンホンゴル県のバイダラグ川）をさかのぼって敵前逃亡してしまった。

そのときトオリルの傍らにはジャムカがいた。ジャムカはトオリルをこうそそのかした。

「わが盟友テムジンは、前からナイマンと通じていたのです。だからいま、こちらにやってこないではありませんか。私はいつもあなたのそばにいる留鳥《りゅうちょう》です。ですが、テムジンは飛び去ってゆく渡り鳥なのです。彼はすでにナイマンと組んでいます。ナイマンに降ろうと残っているのです」

だが、このときナイマンと通じていたのは、むしろジャムカのほうであった。ジャムカの出没自在で狡猾《こうかつ》な言動は、多分に『元朝秘史』作者の脚色によるものであろうが、この場における彼の存在は、けっして不自然ではない。ジャムカは、トオリルという後ろ盾を取り去ってチンギスを弱体化させ、先の敗戦の雪辱を果たそうとしていたとみれば説明がつく。

このジャムカの私怨を巧く利用したのが西遼であった。西遼は支配下のナイマン部族を介して彼を動かしていた。第4章でも触れたが、彼が就いたグル・カーという位は西遼に由来するもので、彼と西遼との間に何らかのつながりがあったのは明らかである。モンゴル高原の覇権を金と争う西遼にとって、金の手先として高原中央に陣取るケレイト部族は、なんとも目障りな存在であった。ケレイト部族を弱体化させるためには、その軍事力の多くを担っていたチンギスを排除する必要があった。ジャムカと西遼の思惑は一致していた。

翌日の朝、チンギスはトオリルの裏切りに気づき、すぐさまその場を撤収した。コクセウ・サブラクは、トオリル隊のほうを追尾し、その背後から襲いかかった。トオリル隊は潰滅し、息子セングンは妻子を連れ去られ、トオリルの隷属民や馬群の半数が奪われた。

トオリルは恥を忍んでチンギスに救援を求めた。すぐさまチンギスは、ボオルチュ、ムカリ、ボロクル、チラウンの四駿として知られていた猛将を派遣した。馬の腿《もも》を射られて捕らえられそうになっていたセングンを救い出し、妻子、隷属民、家財のすべてを取り返してやった。

トオリルは敵前逃亡したことを悔いて詫《わ》び、改めてチンギスと親子の契りを結んだ。許したチンギスは、長子のジョチの妻にセングンの妹チャウル・ベキを求め、代わりにセングンの息子トサカにチンギスの娘コジン・ベキを与えようと申し込んだ。

それに対して、セングンは高飛車な態度をとり、この婚儀を了承しなかった。実力があるといっても新興のチンギスと、二〇〇年以上も高原中部に君臨してきたケレイト宗家の継嗣セングンとの間には、覆《くつがえ》すことの叶わない身分差があった。チンギスのトオリル親子に対する不信感は、やがて憎悪へと変わっていった。

それを感じ取ったジャムカは、亥年《いどし》（一二〇三年）の春、ジェジェル山（モンゴル国ウムヌゴビ県ツェツィー山か）の北に広がるベルケ砂地に設《しつら》えられたケレイト宮廷の幕営で、言葉巧みにセングンに迫った。

「盟友テムジンはナイマン族の領袖タヤン・カンと通じています。あいつは口では親子などといっていますが、本心は別です。それなのにまだあいつを信用しているのですか。先手を打たなければ、あなたがやられてしまいます。もし出陣されるのならば、私はあいつの部隊を横から衝きましょう」

周囲はセングンのことを「ニルカ・セングン」、つまり「セングン坊ちゃま」とよんでいた。トオリルに溺愛《できあい》されて育った世間知らずであったのか。ジャムカはそこに付け入った。

その席にはセングンに近いケレイト部族の部将のほかに、なんとアルタンとクチャルの姿もあった。二人はチンギス軍団の中心人物であったが、先のタタル戦において戦利品を私《わたくし》し、チンギスに叱責されたことに遺恨をもっていた。アルタンとクチャルはいった。

「われらでホエルンの生んだ長兄を殺し、その弟たちを斬り棄ててやろう」

ケレイト部族の名だたる部将たちも、チンギスを滅ぼすべきだと主張した。セングンの腹は決まった。トオリルに使者を遣《や》り、チンギス討伐の許可を仰いだ。だが、トオリルは、

「ジャムカは口先だけの人間で、嘘偽《うそいつわ》りを並べ立てているのだ」

といって同意しなかった。

セングンはトオリルのもとに足を運んで訴えた。

「ジャムカは信じるに足りる人です。どうしてわからないのですか。父上が思うほど、テムジンはわれらのことを思っていません。父上が年老いたとき、お祖父様のクルチャクス・ブイルク・カンが苦労して集められたこの民を、テムジンは私に治めさせてくれるとは思えません。わが民をほかの者に治めさせてもよろしいのでしょうか」

それに対してトオリルは、繰り返しセングンを戒めた。

「センゲンよ。テムジンをどうして見棄てられようか。いままで世話になってきたテムジンを悪くいうのはよくない。そんなことをすれば天の神に見放されてしまうぞ」

それを聞くと、センゲンは意気消沈してその場を辞した。ところが、落胆した愛息を不憫《ふびん》に思う気持ちが、トオリルの判断を誤らせてしまった。センゲンをよび戻してこう告げた。

「いや、われらは天の神の加護を受けるだろう。けれども、どうやってテムジンを葬り去るというのだ。できるというのならば、好きなようにやるがいい」

早速、センゲンは一計を案じた。妹チャウル・ベキとの縁談を許すといって婚約祝いの宴席を設け、そこにチンギスをよび出して捕らえようというものであった。しかし、いままで尊大に構え、こちらを見下していたセンゲンの態度が豹変《ひょうへん》したことを、チンギスの旧臣モンリクが怪しんだことから失敗した。

そこでセンゲンは強硬手段に出る。翌朝、兵をもってチンギスを急襲し、包囲して捕らえてやろうと、配下に準備を指示した。だが、それもアルタンの従兄弟イェケ・チェレンの馬飼いをしていたバダイとキシリクの知るところとなる。事の重大さを察知した二人は、早馬にまたがり、夜を徹してチンギスのもとへと駆けた。

第6章　バルジュナの水

——トオリルとの決別

巻六（一七〇～一八五節）では、モンゴル高原の中央に君臨したケレイト部族の滅亡が語られる。チンギス・カンはケレイト部族長トオリルとの関係回復を試みるが、その努力も虚しく、カラカルジト砂地で激突した。大きな損害を被ったチンギスは、態勢を立て直すべくフルンボイル地域に撤退する。そこでチンギスは、トオリルらの不実の所業を詰問する口上を使者に託して送る。トオリルは良心の呵責《かしゃく》に苛《さいな》まれるが、息子セングンは宣戦布告ととらえる。この間《かん》、チンギスは、移営したバルジュナ湖のほとりで、イスラム系商人のアサンと出会う。再起したチンギスは、油断していたトオリルをジェジェル山に急襲し、三日三晩の攻防の末、ついに降《くだ》す。しかし、トオリルは夜陰に紛れて遁走していた。

カラカルジトの激闘

チンギス・カンは、急使によってセングンが奇襲を企んでいると知ると、日の出前にその場を逃れた。マウウンドルという丘の北を通り、日が傾きかけたころカラカルジトという砂地に至り、そこで休息をとった。そのとき、後方のマウウンドルの南から紅柳《ホンリュウ》（落葉小高木のタマリスク）の林を横切って、トオリルの率いるケレイト部族の騎兵隊が、土煙をあげながらやってくるのがみえた。

チンギス軍とケレイト軍は、このカラカルジトの地で、文字通り死闘を繰り広げることになる。カラカルジトの位置は定かでないが、後述部分に「ウルクイ、シルゲルジトとさかのぼり、ダラン・ネムルゲスに入る」とチンギス隊の撤退経路があることから、現在の内モンゴル自治区東ウジュムチン旗《き》あたりが舞台であったとわかる。『集史』には、近くにコイテンという丘の存在がみえる。これが第４章に既出のコイテンと同所かは不明であるが、いずれにしても、ジャウト・クリとして国境警備に当たっていた、金界壕《きんかいごう》付近での出来事と考えてよい。

ここでもジャムカが登場する。彼はケレイトの陣営にいた。

「テムジンのところでは、誰がよく戦うのか」

トオリルのこの問いにジャムカが答えた。

「それはウルウト氏族とマングト氏族の部隊です。つねに陣形を乱さず、若いころから槍と刀の扱いに長けた勇敢な者たちなので、くれぐれも用心されるのがよろしいかと」

それを聞くとトオリルは、先鋒にユルキン氏族の精鋭を配し、次鋒にはトベゲン氏族の部隊、つづいてドンガイト氏族の勇士の部隊、さらにトオリルの親衛千人隊、そして最後方に本隊を控えさせるという重厚な布陣をすぐさま立案した。

このあたりは、さすがに老獪《ろうかい》といえた。ところが、こともあろうに、その総指揮を部外者ともいえるジャムカに命じたのであった。

意外な展開にジャムカは、

「おれはテムジン盟友に敗れてここにやってきたのに、そのおれに指揮を執れとは。王《オン》カンはおれよりも劣った凡庸な人間のようだ。さっそく盟友にこの話を伝えて、用心してもらおう」

と呆《あき》れた口調で従者に告げた。

『元朝秘史』におけるジャムカの登場は、いつも唐突で謎めいている。そのなかでも今回は、いままで以上に不自然といえる。ほかの史料に、この場面はみられないので、多分に『秘史』作者の創作との疑念を禁じ得ない。ただ、『集史』や『元史』によると、この戦いのあと、ジャムカはセングンらと謀り、トオリルの殺害を企てて失敗したとみえる。好機が到来するのを待ちつつ、トオリルの傍らに侍《はべ》っていたのではないか。

ジャムカの忠告を伝え聞いたチンギスは、ウルウト氏族のジュルチェデイと、マングト氏族のクイルダルを先鋒とした。

ケレイト軍は、ユルキン隊を先頭に立てて向かってきた。ジュルチェデイ隊、クイルダル隊はそれを見事に撃退したが、クイルダルは不覚にも槍で刺されて落馬してしまった。一方のケレイト側でも、セングンが功を焦って出撃し、頬《ほお》を射られて倒れた。

明らかな勝敗がつかないまま日没となった。ジュルチェデイは傷つき倒れていたクイルダルを連れ帰った。モンゴル側には未帰還者が多く、翌朝になっても、チンギスの三男オゴデイ、四駿のボロクルとボオルチュの姿がなかった。チンギスは彼らの死をも覚悟した。やがて黎明《れいめい》のなか、駄馬の背に揺られてやってくる人影がみえた。それはボオルチュであった。チンギスは神に感謝し、胸を叩《たた》いて歓喜した。つづいてボロクルと、彼に抱えられたオゴデイが、一頭の馬に乗ってやってきた。ボロクルの口は赤く染まっていた。首筋に矢を受けたオゴデイを救い、その傷口の凝血《ぎょうけつ》を吸い取っては吐き出していたのであった。

チンギスは涙を流し、火を起こさせてオゴデイの傷口を焼き、飲み物を探し与えながら、気持ちの高ぶりを抑えきれず「敵が来たら戦え」と号令し続けた。だが、そのときすでにケレイト軍は退却を始めていた。嗣子セングンの負傷が、トオリルを弱気にさせた。

敵の撤退を見届け、チンギスも隊を整えてその地を離れた。ウルクイ川からシルゲルジト川をさかのぼって、かつてタタル部族と戦ったダラン・ネムルゲスの地に至った。さらに北へと進み、ハルハ川の流域に出たときには、二六〇〇人が従っていた。そのうち半数の一三〇〇人をチンギスが率いて川の西岸を行き、ウルウト隊とマングト隊から成る残りの一三〇〇人は川の東岸を行った。

この兵員数について、『集史』と『聖武親征録』には四六〇〇とある。いずれにしても、それまでの戦いでチンギス軍の兵員数が万単位で記されていたことと比べると、かなり貧弱な印象を受ける。この戦いのなかで、多くが倒れ、逃散したのであろう。

行軍の途中、兵糧を得るための巻狩りがおこなわれた。深手を負ったクイルダルも、チンギスの制止を聞かずに参加した。馬の背で揺られて彼の傷は悪化し、ほどなく落命した。遺骸はハルハ川岸のオルヌウにある崖《がけ》の陰に手厚く葬られた。

ハルハ川がボイル湖に注ぐ河口あたりに、オンギラト部族のテルゲ・アメルが統べる集団がいた。チンギスは、

「むかしからオンギラトの民は、その女たちの容姿を褒めれば、降伏してくるというぞ。もし歯向かってくるようならば、こちらは迎え撃つ準備をしておく」

といってジュルチェデイを派遣した。懐柔の詳細はわからないが、おそらくジュルチェデイは女性たちを褒《ほ》め称《たた》えたのであろう。テルゲ・アメルは降り、その本領は安堵《あんど》された。テルゲ・アメルは、オンギラト部族のなかでかなりの有力者とみえ、ジャムカのグル・カー擁立に名を連ねたほどの、反チンギス陣営の一員であった。それが無勢のチンギスと一戦も交えることなく帰順したということは、オンギラトという雄族の凋落《ちょうらく》ぶりを示している。

ボイル湖に注ぐ河口から二〇キロメートルほどハルハ川をさかのぼると、その北岸にブフ・トルゴイという遺跡がある。東西一・五キロメートル、南北一キロメートルの広範囲に、数多くの建物跡が残る。一辺が一八〇メートルもある土塀《どべい》で方形に囲まれたなかに、往時は、基壇《きだん》（土を人為的に盛り上げた土俵状の高まり）上に瓦《かわら》葺《ぶ》き屋根とレンガ壁の豪壮な建物もあった。周囲には灌漑《かんがい》水路をともなう耕地跡も認められる。遼からモンゴル帝国までの長きにわたる集落跡であるが、オンギラトがこの地に暮らしていた金代の陶磁器片も数多く出土し

ている。テルゲ・アメルの拠点であったのかもしれない。

トオリルへの詰問

一二〇三年の夏、草の緑が濃くなったころ、軍馬を休ませるためチンギスはトンゲという小川の東岸に駐営した。その位置は定かでないが、前出のボイル湖から、そう離れてはいなかったと思われる。

その地からチンギスは、伝令使のアルカイ・カサル、スケゲイ・ジェウンの二人をトオリルのところへ遣わし、このたびの来襲に対する彼の真意を問いただした。当時モンゴル部族は文字を使っておらず、このようなやりとりは使者を介した口上によった。それはつぎのように始まった。

「王カンよ。どうしてあなたは私を恐怖に陥れようとするのですか。自分自身のできの悪い子や嫁たちはそのままに、どうして私だけに怖い思いをさせるのですか。居心地の良い腰掛の高さを変えたり、おだやかに立ちのぼる煙を散らしたりするように、どうして私の心をかき乱すのですか」

そのうえでチンギスは、こうなったのは息子セングンをはじめとする悪意ある取り巻きたちにそそのかされたからだろうと、トオリルに対して一定の理解を示した。しかしながら、「牙《きば》ある蛇にそそのかされるな。確かめ合って初めて信じよう」と、これまで何度となく約束を交わしてきたにもかかわらず、それを簡単に破るトオリルの不誠実を責めた。

一方で、私利私欲なくトオリルに仕え、彼にとって車の轅《ながえ》や車輪のように欠かせない存在であったと、チンギスはみずからの忠臣ぶりを強調した。

つぎに、父イェスゲイのときから、トオリルに惜しみない援助をしてきたことに触れた。トオリルに命を狙われた彼の弟エルケ・カラが、ナイマン部族のイナンチャ・ビルゲ・カンのところへ奔《はし》ったとき、トオリルの非道に憤った彼の叔父グル・カンが襲撃してきたのを、イェスゲイが援軍を出して撃退し、奪われた民を取り戻してやった。そのとき、トオリルみずから「子々孫々に至るまで、この恩をお返しすることを天の神、地の神に誓う」と口にしたことを思い起こさせた。

さらに、チンギス自身もトオリルを父として敬い、その窮地を救ってきたと主張した。

まず、トオリルがナイマン部族のイナンチャ・ビルゲ・カンに敗れたときのこと、命からがら中央アジアの西遼の地まで逃れたのち、ふたたびモンゴル高原へと戻って困窮のどん底にいたトオリルを、チンギスはみずからの宿営に迎え、民から税を取り立ててまでして養い、そのうえメルキト部族を討伐して、その戦利品を贈るほど尽くしたことを挙げた。

また、バイダラグの原でともにナイマン軍と対峙したとき、夜陰に紛れてトオリルが敵前逃亡したにもかかわらず、それを責めることなく、ナイマンに急襲されてすべてを失ったトオリル一家を、四駿を差し向けて救ったこと（一〇五～一〇六頁）も付け加えた。

そして最後は、

「それまで尽くしたのに、なぜ、あなたは不満なのでしょうか。使者をよこして、その理由を教えてほしい」

と結んだ。

これを聞いてトオリルは、チンギスと別れたことを後悔し、良心の呵責から、

「テムジンのことを悪く思うときには、このように血を出そう」

と誓って、矢を削る小刀で小指を刺して血を滴《したた》らせ、白樺《しらかば》の樹皮で作った小さな桶《おけ》に入れて、チンギスに渡すよう使者に託した。

さらに、チンギスは、トオリルの周囲に侍る悪意ある取り巻きたちへも詰問した。

ジャムカには、

「おまえが王カンからおれを引き離したのだ。むかしは、われら二人のうち先に起きたほうが、王カンの青い杯（中国河南《かなん》省の鈞窯《きんよう》製の青磁碗《せいじわん》か）で馬乳酒を飲んだものだが、おれが先に起きて飲むと、おまえは妬《ねた》んだ。こうなったら、おまえは王カンの青い杯で飲み干せばいい。好きなだけ飲み干せばいい」

また、トオリルのもとに奔ったキヤト氏族の有力者のアルタンとクチャルに対しても、

「あなたたちがカンになれと推したから私は受けたのだ。あなたたちが敵を捕らえ、見目麗《うるわ》しい婦女、駿馬《しゅんめ》、狩りの獲物を奉るといったから、私はカン位に就いたのだ。これから

は王カンの良き友となってやるがよい。そのかわり、モンゴル部族の祖宗興隆の地であるオノン、ヘルレン、トーラの三河の源には、けっして立ち寄らせないぞ」

最後にセングンには、

「おれは物心ついて衣服を着るようになってから王カンの息子となったが、おまえは裸で生まれたときから息子だった。それでも王カンは、われら二人を同じように扱ってくれた。それにおまえは嫉妬《しっと》して、おれを追い出したのだぞ。いま、おまえは王カンの心を苦しめずに、朝となく夕となく出入りして慰めてやれ。父上の生前に君主になろうなどと（『集史』にはトオリル殺害を企てて失敗したとある）、父上を苦しめるようなことを二度とするな」

それを聞くとセングンはこういい放った。

「テムジンの本心がわかった。これは宣戦布告だ。戦いの馬印《うまじるし》を掲げよ。軍馬を肥やせ。もはや疑いの余地はない」

トオリルらのようすの一部始終は、帰還したアルカイ・カサルによってチンギスに届けられた。

ケレイト滅亡

チンギスはバルジュナという湖に移営した。この湖は、モンゴル帝国（元朝）史の分野で、「バルジュナの誓い」の舞台として広く知られている。これは、トオリルの策謀で身も心も痛めつけられ、困窮したチンギスとその家来たち一九名が、ようやくたどり着いたバルジュナ湖の泥水で喉の渇きを癒し、再起を誓ったことに由来する。その場にいた家来たちは国家創建の功臣として、特別な尊敬を受けることになる。

この話は『元史』『聖武親征録』といった漢文史料だけでなく、ペルシア語史料の『集史』にも印象的に記されている。『元史』によると、第五代君主の世祖《せいそ》クビライの代になっても、祖宗創業の苦労譚として語り継がれていたほどで、その重要さがうかがい知れる。にもかかわらず、『元朝秘史』では、〝誓い〟について一言も触れられていない。そこに、その功臣たちと『秘史』の作者との間の微妙な距離を感じる。

『秘史』においてこの湖が登場するのは、オングト部族の首長アラクシ・デギト・クリのところからやってきたアサンというサルタク人（中央アジア出身のイスラム教徒）との出会いの場所としてであった。アサンは白いラクダに乗り、一〇〇〇頭の羊を追いながら、アルグン川下流でテンやリスの毛皮を買いつけた帰りに、バルジュナ湖に立ち寄って家畜に水を飲ませていた。

想像をたくましくすれば、一〇〇〇頭の羊はチンギス隊の糧食となり、会話から得られた種々の情報は、ケレイト部族周辺のことだけでなく、広く国際情勢にも及んだことであろう。アサンとの出会いが特筆された理由は、その後のチンギスの勃興に多大な影響を与えた点を評価したからではないか。一説によると、アサンはチンギスに帰順し、のちの中央アジア遠征では、土地勘を活《い》かしてモンゴル軍の先遣を務めたという。

また、アラクシ・デギト・クリという人物は、陰山《いんざん》山脈北麓に大きな勢力をもち、ネストリウス派キリスト教を信奉するオングト部族を束ねていた有力者であった。のちのナイマン部族との大決戦では、チンギスに味方してその勝利に多大な貢献をする。

こうしてみると、バルジュナ湖がチンギス飛躍の要地であったことは疑いない。にもかかわらず、バルジュナ湖の位置について、これまで多くの研究者が比定を試みてきたが、いまだ決着はみられない。ただ、清朝末期の著名な考証学者（屠奇《とき》や王国維《おうこくい》）の説は傾聴に値する。バルジュナという湖水が、フルン湖の西南にあると明確に述べているからである。残念ながら、現在ではその地名を見出せないが、チンギス隊がハルハ川方面からやってきて、つぎにヘルレン川へと進むことを考慮すると、その推定位置はきわめて妥当といえる。

さて、そのころチンギスの弟ジョチ・カサルは、わずかの従者とともに山野をさまよい困窮しながら、ようやくバルジュナ湖畔にいたチンギスのもとにたどり着くことができた。そのとき彼の妻と三人の子は、トオリルに奪われていた。

チンギスはカサルの無事を喜んだが、妻子が奪われていることを知ると、トオリルを倒して彼らを救出するための一計を案じた。カサルの言葉でトオリルに使者を送り、

「兄とはぐれてしまい、妻子のいる王カンのもとに投降したいので、信頼できる人をヘルレン川のアルガル・ゲウギまでよこしてほしい」

と伝えさせた。これはトオリルを油断させるとともに、彼の現況を内偵させるためでもあった。

チンギスはアルガル・ゲウギに移動し、出陣の準備をした。なお、アルガル・ゲウギの位置は定かでない。

使者から用件を聞いたトオリルは、さっそく信頼できるイドルゲンを、カサルを迎えるために遣わした。アルガル・ゲウギに至ったイドルゲンは、チンギス陣営のただならぬ雰囲気に引き返そうとしたが、チンギスの追手に捕らえられ、その場でカサルによって切り捨てられた。

使者を手に掛けることは、当時としても非道なおこないであった。それを断行したことは、チンギス側のトオリルに対する深い怨恨と、彼らとの永遠の決別を意味した。

一方、チンギス側の使者は無事戻り、トオリルは油断し、金糸の刺繡《ししゅう》のある布で覆われた幕舎のなかで、酒宴の最中であると伝えた。好機到来とばかり、チンギスは夜通し進み、ジェジェル山の麓にいたトオリルを包囲した。

なお、ジェジェル山は、第5章（一〇六頁）に既出のトオリルの季節営地のひとつで、清朝で編まれた地図集『大清一統輿図《だいしんいっとうよず》』に記載されている「策策阿林《ツェツェアリン》」（阿林は満州語で山の意）とみられる。この山はモンゴル国ウムヌゴビ県にあるツェツィー山で、その山容は遠くから望むことができ、ゴビ砂漠の北と南とを結ぶ幹線を行く旅人のランドマーク（目印）となっていて、付近には先史時代以来の多くの遺跡が存在する。

山中の峡谷に立て籠もったケレイト軍は、三日三晩のあいだ抵抗を続けたが、三日目になってついに投降した。しかし、そこにトオリルとセングンの姿はなかった。二人はユルキン氏族のカダクの手引きによって、すでに遁走していた。

「主君を敵に渡して殺させるわけにはいかないので、お逃げいただき、私は殿《しんがり》を務めておりました。いま、チンギス・カンが死ねと仰せならば死にましょう。ですが、もしお慈悲を賜りますれば、カンにご奉公いたしましょう」

このカダクの言葉をチンギスは良しとし、

「主君を見棄てることができず逃がして、さらに戦った彼こそ、男のなかの男だ。家臣とするにふさわしい人物である」

といって命を助けた。そのうえで、カダクと一〇〇人のユルキンの民を、カラカルジトの戦いで受けた傷がもとで命を落としたクイルダル（一一二〜一一四頁）の遺族に僕婢《ぼくひ》として与え、その功績を称えた。

このジェジェル山の戦いをもって、阻卜《そぼく》（韃靼《だったん》）とよばれて以来、二〇〇年以上の長きにわたりモンゴル高原中央に君臨してきたケレイト〝王国〟は瓦解《がかい》した。『聖武親征録』と『集史』は一二〇三年秋のことと伝える。

第7章　貪る鷹の如く

――ナイマン部族との対決

巻七（一八六〜一九七節）では、モンゴル高原西部に盤踞《ばんきょ》したナイマン部族との決戦が描かれる。モンゴル部族に比べて高い文化をもったナイマン部族であったが、その首長タヤン・カンは、大言壮語のわりには軟弱な人物であった。勇猛果敢なモンゴルの勢いに押され、自壊してしまう。血なまぐさい戦闘シーンが多いが、またもや神出鬼没のジャムカの存在で、いくぶんかユーモラスに物語は進む。戦いの一方で、チンギス・カンは、軍事や宮廷の組織づくりにも着手し、千戸制や輪番組の制度などを定め、支配者としての足場を着々と固めていく。

トオリルの最期

チンギス・カンはケレイト部族を平らげ、その民をことごとく捕らえ、バルジュナ湖で辛苦をともにした者をはじめ、功のあったあらゆる臣下に、もれなく分かち与えた。

とくに、セングン急襲を逸早く知らせたバダイとキシリク（一〇八頁）には、トオリルの金糸織の布で覆われたテントや黄金の品々に加え、戦利品や巻狩りの獲物をほしいままにできる特権が与えられた。そのような者は「ダルカン」とよばれた。二人は譜代の家臣に伍《ご》して功臣として重んじられ、キシリクはチンギスの中央アジア遠征に従い、その傍らに仕えていたようすが、チンギスの招請で中央アジアに赴いた道士の旅行記『長春真人西遊記《ちょうしゅんしんじんさいゆうき》』

（二六〇頁参照）にみえる。

トオリルの弟のジャカ・ガンボは許され、その配下の民も安堵となった。そのわけは、彼の娘のうち、年上のイバカ・ベキをチンギスが娶《めと》り、妹のソルカクタニ・ベキを四男トルイが妻としていたことにあった。

ベキとは霊能者をさす。ただし、じっさいにそうであったとは限らない。『元朝秘史』にはしばしば登場し、当時、比較的流行した名前であったとわかる。多くは女性に用いられるが、メルキトの首領トクトア・ベキのように男性に付けられた例もある。

のちにイバカ・ベキは、カラカルジトの戦いで先鋒を務めたジュルチェデイに与えられる（二五九頁）。一方のソルカクタニ・ベキは、第四代モンケ、第五代クビライというモンゴル帝国の君主二代の生母となった。ネストリウス派キリスト教を信奉し、聡明で博識な女性であったと『集史』などにみえる。

さて、トオリルとセングンの親子は、どうなったのか。

二人はジェジェル山から、なんとか脱出していた。セングンは、水のない砂漠で、信頼していた従者に見放された。そののち、西夏、チベット、ウイグルの地をさまよい、最後は天山南路の要衝クチャで地元の首長に殺されたと『集史』にある。

一方のトオリルは、息子とは別行動をとり、アルタイ方面に向かった。ナイマン部族の領域に足を踏み入れ、小川で水を飲んでいたとき、ナイマンの哨兵《しょうへい》に捕らえられた。「ケレイトの王《オン》カンだ」と告げても信じてもらえず、その場で殺されてしまった。

ナイマン部族長のタヤン・カンの母グルベスは、

「王カンといえば、長老で偉大な君主であったはずです。彼の首をもってきなさい。弔ってやりましょう」

といって首を切ってもってこさせた。よく検分したうえで白い毛氈《もうせん》の上に置き、酒宴を催し、楽器を奏でていると、首が微《かす》かに笑ったようにみえた。するとタヤンは、こともあろうに首を足で踏みつけて砕いてしまった。その思慮を欠いた振る舞いに、宿将コクセウ・サブラクは、「犬の鳴き声が悪い兆しを知らせています」とナイマン部族の行く末を案じるのであった。

タヤンは、先の君主イナンチャ・ビルゲ・カンが年老いてからできた子供で、甘やかされて育った。軟弱かつ臆病《おくびょう》で、鷹狩りと巻狩りのほかには関心を示さず、部族長としてはふさわしくなかった。そのため当時のナイマン部族には、タヤンの兄とも弟ともいわれるブイルクも、カンと称して並び立っていた。

ここでナイマンという部族について改めて触れておこう。ナイマンとはモンゴル語で「八つの」という意味で、アルタイ山脈の周辺にいた八つの氏族の連合体であったとみられている。その自称は定かでない。構成していた主体は、人名などから推測して、おそらくトルコ系言語を話す集団であった。

その領域は、ハンガイ山地西麓からアルタイ山脈東麓にかけての一帯、それにアルタイ山脈西麓のイルティシュ川上流域とウルング川流域も合わせて、かなり広大であった。領域の南縁は西遼やウイグル王国と接していた。両者から進んだ文物が流入したであろう。文献史学者は、彼らがネストリウス派キリスト教を信奉していたとみているが、西遼とウイグル王国では仏教が盛んであったので、その影響もみられたと想定できる。

わずかな考古資料から垣間見《かいまみ》られるナイマン部族の文化は、モンゴル部族とかなり異なっていた。女性が頭に絹のベールを被ったり、墓に馬が殉葬されたりと、中央アジアのトルコ系集団と共通の伝統を有し、日用品は材質やデザインの点でモンゴル部族のものより優れていた。それがつぎのようなタヤン母子の差別的発言につながったのであろう。

「ここから東のほうにわずかばかりのモンゴルという民がいるそうだ。やつらは老いたケレイトの王カンを滅ぼし、代わって君主になろうとしているが、天に二日《にじつ》なく、地に二主はない。われらが出向いてモンゴルどもを捕らえてやろう」

とタヤンがいうと、母グルベスが口を開いた。

「捕らえてきたところで、どうするおつもりですか。モンゴルの民は臭く、着物も汚いというではありませんか。どこか遠くに捨て去るのがよろしいのでは。せめて垢《あか》ぬけた嫁や娘がいたら、その手足をきれいに洗って、牛や羊の乳でも搾《しぼ》らせましょうか」

ふたたびタヤンがいった。

「お望みなら、それはたやすいことです。さっそくモンゴルのところへ出陣して、やつらの矢筒を奪ってみせましょう」

長らくケレイト部族の壁に阻まれて、高原統一を成し遂げられなかったナイマン部族にとって、まだ態勢の整わないモンゴル部族の登場は、まさに千載一遇の好機到来であった。

だが、タヤンのこの言葉を聞いてコクセウ・サブラクは、

「ああ、何という大口をたたかれるのですか。臆病なあなた様がそんなことを口に出してよいのですか。このことは秘密にされるのがよろしいかと存じます」

コクセウ・サブラクに諫《いさ》められたにもかかわらず、タヤン・カンは戦いの準備を始めた。手始めに内モンゴルの陰山山脈周辺にいたオングト部族の族長アラクシ・デギト・クリに使者を送り、「右手になってほしい」と、モンゴル討伐への加勢を要請した。

オングト部族は、ナイマン部族と同じトルコ系民族とみられ、本来は結びつきが強かった。一一二五年の遼滅亡では、耶律大石《やりつたいせき》（遼の王族。西遼を建国）の西走を手助けしたこともあり、その点からみるとナイマン部族と同様に、オングト部族も西遼の影響下にあったとみられる。ところが、金朝の勢力が陰山周辺にまで及ぶと、オングト部族はその軍門に降《くだ》り、金の西北辺の国境警備を担うことになった。つまり、チンギスと同じ立場にあった。

オングト部族にとって、ナイマンかモンゴルかという選択は、西遼と金とを天秤《てんびん》にかけるのと同じ意味をもっていた。アラクシ・デギト・クリは、タヤンの頼みをきっぱりと断った。

そして、チンギスに急使を遣わし、ナイマン部族がモンゴル攻撃の準備を進めていることを伝えた。

ナイマンへの出征

ちょうどそのときチンギス・カンは、内モンゴルのコル・チャガン湖（魚兒濼《ぎょじはく》）近くのテメエン・ケエル（駱駝《らくだ》が原《はら》）で巻狩りをしていた。この知らせを聞いて一同に諮《はか》ると、「われらの馬は痩《や》せている」と戦いに否定的な意見が多数を占めたが、末弟テムゲ・オトチギンと異母弟ベルグテイは、「馬はすでに肥えている。なによりも挑発が聞き捨てならない」と主戦の論陣を張った。

チンギスは、この言葉を良しとして、巻狩りを中止し、金界壕《きんかいごう》近くのアブジア・コデゲリを発して東北に進路をとった。ハルハ川流域に出ると、オルヌウの崖で下馬し、そこで軍勢を調べた。

その結果にもとづき、一〇〇〇世帯をまとめて千戸という単位にし、それぞれの千戸には有能な部将のなかから選んで千戸長を任命した。この千戸は、一〇〇世帯をまとめた百戸という単位が一〇個集まって成り立っていた。それぞれの百戸には百戸長が任命された。百戸は、一〇世帯をまとめた十戸という単位が一〇個集まって成り立っていた。それぞれの十戸には十戸長が任命された。

これが歴史教科書でも知られる「千戸制」である。十進法に基づく民衆統治の仕組みと兵団組織とがリンクしたもので、一世帯あたり一名の兵士を出すことになっており、千戸長は一〇〇〇人の兵士を束ねる、いわば千人隊長でもあった。なお、このような制度は、匈奴《きょうど》などモンゴル高原の先行王朝にもみられ、チンギスの創り出したものではない。

また、宮廷の庶務を担当する「チェルビ」として、ドダイ、ドコルク、オゲレン、トルン、ブチャラン、スイケトゥの六名を任命した。チェルビは侍従と訳される。

くわえて、千戸長や百戸長の子弟、また、身分卑しくなく、才能があって体格の良い者から、宮廷の夜間警備を担当する「ケブテウル」という役職に八〇名、昼間の警備や諸職を分掌する「トルカウト」という役職に七〇名を選んだ。ここではケブテウルを宿直番《しゅくちょくばん》、トルカウトを日直番《にっちょくばん》とよぶ。彼らは総称して「ケシクテン」とよばれた。ケシクテンは、いくつかの班に分かれて輪番で宮廷に奉仕する役職であったので、これを輪番組とよぶことにする。

ほかにもチンギスは、アルカイ・カサルに命じて、一〇〇〇人の勇士を選んで精鋭隊を組織させた。有事にはチンギスの馬前で戦い、平時には日直番として奉仕した。日直番の長はオゲレン侍従が務め、クドスが補佐した。

宮廷における各職の担当者の勤務体制は、つぎのように定められた。

昼間は、箭筒士《せんとうし》、日直番、食膳司《しょくぜんし》、門衛、厩務司《きゅうむし》が当直し、日の沈む前に宿直番に交代し、それぞれ自分の馬のもとで休息すること。

夜間、宿直番は宮殿ゲルのまわり、宮廷の門を重点的に警備すること。

翌朝は、箭筒士、日直番、食膳司、門衛は、チンギスが朝食をとっているときに、宿直番に告げて勤務につくこと。

輪番組の各班の一回ごとの担当期間は三夜三日である。宿直番のときは、宮殿ゲルを囲むように臥《ふ》して休息すること。

以上の諸々の定めからは、モンゴル高原の覇者としての自覚が、チンギスに芽生えていたことをみてとれる。高原の盟主の座は、トオリル亡き後、実質的にチンギスがその跡を継いだ形になっていた。そのことを周囲に認知させ、敵に侮られないために、軍事や宮廷の整備は、出陣前の慌ただしいときであっても、着手しておく必要があった。

子年《ねどし》（一二〇四年）の陰暦四月十六日、トグ（馬印。一五一頁に後述）を祀《まつ》り、チンギス率いる全軍は、ハルハ川のオルヌウの崖を発した。ヘルレン川に出て、その流れをジェベ、クビライを先鋒として西へとさかのぼり、流れが北へと屈曲するあたりにあるサアリ・ケエルに至った。ここはチンギス旧来の遊牧地であった。その西にそびえるカンカルカン山の頂には、すでにナイマンの斥候がいた。

暖かくなるのが遅いゴビ砂漠以北の地は、ようやく草原が緑濃くなり始めていた。馬などの家畜は、厳しい冬を乗り切るのに消耗した体力を回復させせなければならなかった。まだモンゴルの馬は痩せ細っていた。ナイマンの斥候は、それを見逃さなかった。

この時期の戦闘は避けたかったのが、チンギスの本音であろう。そこで彼は、馬が肥えるまでの時間を稼ぐため、一計を案じた。兵士が宿営するとき、サアリ・ケエル草原に広く散開させ、各自に五か所で火を焚《た》かせた。そのようすを夜間にカンカルカン山の頂からみると、モンゴルの兵が綺羅星《きら》の如《ごと》く、ひしめき合っているかのようであった。

チンギスの企みは成功した。モンゴル軍が増強されたという斥候からの知らせが、ハンガイ山地まで進軍していたタヤン・カンのもとへ届けられた。

さっそくタヤンは作戦を変更することにし、別動隊を指揮していた息子のグチュルク（クチュルグとも）のもとに使いを出した。

「モンゴルの去勢馬は痩せているといっても、兵士は星の数ほどいるようだ。いまモンゴルと正面から激突すれば、戦いは長引くだろう。目を傷つけられても、頬を刺されても、かまわず向かって来るようなやつらだ。まともに当たったら手ごわいぞ。彼らの馬が痩せているのならば、われらはいったん退却し、彼らをアルタイの麓までおびき出《だ》してやろう。われらの馬は肥えている。腹のへこんだモンゴルの馬を疲れさせて、その面《つら》に小便をひっかけてやろうではないか」

これに対してグチュルクは、

「女々しいタヤン・カンが、またもや臆病風に吹かれたようだ。多いというモンゴル兵は、いったいどこから現れたというのか。モンゴル人の大半は、ジャムカとこの自分のところにいるというのに」

と父の悪口をいった。女々しいといわれてタヤンは、

「力あり、勇気あるグチュルクよ、戦場でもその勇気を失うな。戦いが始まれば長引くからな」

と答えてやった。

　それをタヤンの侍従長が聞き、

「お父君のイナンチャ・ビルゲ・カンは、敵に対してけっして背中をみせませんでした。それなのにあなたは、目覚めるともう臆病になっている。こんなことならグルベス太后が指揮をされたほうがよっぽどましです。残念ながら名将コクセウ・サブラクは年老いてしまい、わが軍の規律は乱れ切っております。時の運はモンゴルにありそうです。あなたは臆病者だけでなく無能な方です」

といい放って、やり場のない怒りを自分の矢筒にぶつけて、馬にまたがり駆け去ってしまった。家臣にそこまでいわれて激昂《げきこう》したタヤンは、

「死ぬべき命、苦しむ身はみなひとつだ。おまえらがそこまでいうのなら、いざ戦おうぞ」

というと、ハンガイ山地を発して、タミル川沿いに東進した。

ナク山の戦い

ナイマン軍は、オルホン川を渡り、ナク山に至った。ナクという名は転訛《てんか》（本来の発音がなまって変わること）して、現在ではラク山という。標高一六〇〇メートルほどの、このあたりでは目立つ高峰であるが、急峻《きゅうしゅん》ではない。山の北には、遼代に営まれた鎮州《ちんしゅう》可敦城《かとんじょう》（チン・トルゴイ遺跡）という城郭都市の廃墟《はいきょ》が残る。この都市はモンゴル高原を東西に貫く幹線道の要衝であった。ナイマン軍は西から、モンゴル軍は東から、この道をたどってナク山へとやってきた。

ナイマン軍がナク山の東のチャキルマウドにいる、という知らせを斥候から聞いたチンギスは、「草原に生えるイラクサのように散開して進み、敵の強弱を見極めたら湖のように四方から取り囲み、敵陣めがけて鑿《のみ》のように突撃する」という作戦を発した。そして、みずからが先鋒となり、次弟ジョチ・カサルに中軍を指揮させ、末弟テムゲ・オトチギンには換え馬などの輜重《しちょう》（軍用物資）を任せた。

そのころナイマン軍はナク山南麓に陣を布《し》いた。そのナイマン軍の幕僚のなかにジャムカの姿があった。毎度の唐突な登場であるが、彼とナイマン部族との結びつきは深く、その背後には西遼の糸引きがあったとみられる。ナイマン軍の本営に迫りくるモンゴル軍をみて、タヤン・カンはジャムカに尋ねた。

「どういうやつらなんだ。羊の大群を追い込むように迫りくる、狼みたいなやつらは」

ジャムカは答えた。

「テムジン盟友は、日ごろより四匹の狗《いぬ》を人肉で養い、鎖でつないで飼っているのです。いま迫りくるのはやつらです。この四匹の狗は鋼の額《ひたい》、鑿の唇、錐《きり》の舌、鉄の心、太刀を佩《は》く堅い革紐を持ち、露を飲み、風に乗るといわれています。戦いの日には人肉を食うというやつらが、いま鎖を解かれたので、喜んでよだれを垂らしながらやってきたのです」

タヤンは、

「四匹の狗とは、誰と誰なんだ」

と聞くと、ジャムカは、

「ジェベ、クビライ、ジェルメ、スベエテイの四人です」

といった。するとタヤンは、

「そんな下々のやつらからは離れていよう」

といって退き、山を登って陣を布き直したが、四狗の背後から躍りまわっている者たちがいるので、また聞いた。

「やつらはなんだ。朝になって放たれた仔馬が、母乳を吸って、母馬のまわりを遊びながら、まわるように迫ってくる」

ジャムカはいった。

「彼らは、槍を持つ男を襲っては血のついた武具を剝ぎ取り、刀を持つ男に追いついては打ち殺して貨財を奪い取るという、ウルウト、マングトの両氏族の者たちです。いま、野に放たれたのを喜び勇み、あのように躍りまわっているのです」

タヤンは、

「そんな下々のやつらからは離れていよう」

といって、また退いて山に登った。

「そのうしろから貪《むさぼ》る鷹の如くに、よだれを垂らして進んでくるのは誰だ」

と問うと、ジャムカは答えた。

「あれこそわが盟友テムジンです。彼の全身は鋼で鍛えられ、錐を刺す隙間もなく、鍛鉄でできていて、太い針を刺す隙間もないのです。あの貪る鷹の如く、よだれを流しながらテムジンが来るのがみえませんか。ナイマンの方々よ、よくご覧なさい。あのすさまじさを。『モンゴルが通った跡には、子羊の蹄《ひづめ》の皮さえ残らない』というではないですか」

タヤンは、さらに山を登り「そのうしろから重厚な装備でやってくるのは誰か」と尋ねた。

ジャムカは、

「ホエルンは一人の子供を人肉で養っていました。その男の身の丈は三アルダ（五メートル強、アルダは尋《ひろ》に相当）、三歳の家畜を喰《く》らい、三重の鎧をまとい、三頭の強い牛に牽かれてやってくるといいます。矢筒を持つ者を丸呑《まるの》みしても喉につかえないし、大男を丸呑みにしても平然としています。怒りに任せて雁股鏃《かりまたぞく》（先端を二股《ふたまた》にし、その内側に刃を付けた鏃《やじり》）の矢を放てば、山を越えた向こうにいる十、二十の兵士を射とおし、戦う敵に柳葉鏃《やないばぞく》（柳の葉の形をした鏃）の矢を放てば、数珠《じゅず》のように串刺《くしざ》しにするといわれています。大きく引き絞って矢を放てば、九〇〇アルダ（約一・六キロメートル）の地まで届き、軽く射ても五〇〇アルダ（約九〇〇メートル）は射とおすそうです。これこそ人間ではなく、グレルク山の大蛇に生まれたというジョチ・カサルです」

タヤンは、さらに山の高みに急ごうといって、また登ってから聞いた。

「そのうしろから来るのは誰だ」

ジャムカはいった。

「彼はホエルンの末子のテムゲ・オトチギンです。甘えん坊で寝坊《ねぼ》すけといわれていますが、ひとたび戦いとあれば、遠方からでも駆けつけ、けっして遅参することはありません」

これを聞くと、またもやタヤンは山頂を目指して登っていった。

ここでジャムカはナイマン勢の戦列を離れ、チンギスに使者を送った。

「タヤン・カンはおれの言葉に惑わされ、驚き恐れて山に登っていきやがった。盟友よ、用心に越したことはないが、あいつらは迎え撃つ気さえ失《う》せてしまったようだ。おれはもうナイマンを見放したぞ」

もともと臆病であったタヤンの恐怖心を、ジャムカが言葉巧みに煽《あお》るこのくだりは、二人の珍妙な掛け合いが滑稽《こっけい》でもある。原文は、韻を踏むことで躍動感を演出した、優れた文学作品になっている。

さて、日暮れになり、チンギス軍はナク山を取り巻くように陣を布いて宿った。その夜、ナイマン勢は、先を争って逃げようとして山頂の崖の上から滑り落ち、頭骨を砕いて折り重なるように死んでいった。翌朝、タヤンは捕らえられた。

チンギスはナク山から兵を進め、アルタイ山脈南麓に留まっていたナイマン部族の本拠を衝き、その民を捕らえた。ジャムカと行動を共にしていたジャダラン、カタギン、サルジウト、ドルベン、タイチウト、オンギラト各氏部族の残党もことごとく降伏した。

タヤンの母グルベスも虜《とりこ》となった。眼前に引き出された彼女に対し、チンギスは皮肉たっぷりに、

「そなたは『モンゴル人は臭い』と軽蔑していたな。それなのに、なぜ投降してここに来たのだ」

といって自分の後宮に入れた。

別のところにいたタヤンの息子のグチュルクは、わずかの手勢を連れて、イルティシュ川方面へと逃げ去った。

その年の秋、ハラー川流域で、チンギスは宿敵であるメルキト部族の領袖トクトア・ベキと対戦した。メルキト部族とナイマン部族は結びつきが強く、この戦いには、トクトアからするとタヤンの弔い合戦、チンギスにとってはナイマン側に与《くみ》するものの掃討という意味が

あった。

トクトアは敗れ、クド、チラウン（四駿の一人とは別人）という名の子と、わずかの家来だけを連れて遁走した。捕らえられたメルキトの民のなかに、ボルテ略奪の主犯の一人であったダイル・ウスンと、その愛娘《まなむすめ》のクランの姿があった。クランはことのほか美しく、ダイル・ウスンは彼女をチンギスに献上しようと考えた。命乞《いのちご》いの手土産《てみやげ》といったところか。

しかし、途中でチンギス軍の兵に見咎《みとが》められ、その場に留め置かれてしまった。そのとき現れたのがナヤアであった。彼は、機転の利く「口先だけのナヤア」として、すでに『元朝秘史』に登場していた（九八頁）。このときまでにかなり出世し、ナヤア・ノヨン（貴人）とよばれていた。

ナヤアはダイル・ウスンにこういった。

「おまえの娘は、わしが同行してチンギス様のお目にかけよう。おまえたちだけで行けば、途中で軍兵が暴れ出したとき、おまえは殺され、娘は犯されるかもしれんからな」

そこで三日三晩留まり、その翌日チンギスに謁見した。チンギスは一目見るなりクランのことが気に入った。しかし、その彼女が三晩もナヤアとともに過ごしたことを知ると、チンギスの心にナヤアに対する疑念が湧《わ》きあがった。

チンギスは激怒し、ナヤアに対して、

「どうしてクランを留めておいた。掟《おきて》に照らして処分してやろう」

と詰め寄ると、脇に控えていたクランが口を開いた。

「ナヤアは『自分はチンギス・カン様の重臣である。一緒に行って娘をカン様のお目にかけよう。途中で軍兵に犯されると困るから』といったのです。もし、ナヤア以外だったら、私はどうなっていたかわかりません。ナヤアに出会ったのは幸運でした。ナヤアを尋問する必要はありません。天の神のおかげで、父母が生んでくれた私の身体を調べていただければ、こと足ります」

さっそくチンギスは、その言葉に偽りのないことを確かめた。ナヤアも真実の人と賞されて、そののち大切な仕事を任されることになった。

クランは、主要な后妃の一人として第二オルド（後宮）を束ねたとされる。足掛け七年にもおよぶ中央アジア遠征に同行するなど、チンギスに寵愛された。授かった男子コルゲンは、正妻ボルテの生んだ四人の男子と同様に厚遇され、彼を祖とするコルゲン家は、モンゴル帝国を通して、戦乱の波に揉《も》まれながらも長く栄えた。

第8章　九脚の白き馬印

――モンゴル高原の統一

巻八（一九八〜二〇八節）は、ナイマンとメルキトという敵対部族の掃討作戦から幕を開ける。チンギス・カンは、それらの残党をアルタイ山脈西麓まで逐《お》うが、メルキトのトクトア・ベキの子供たちは、さらに西方へと逃亡する。チンギスは鉄製の車輪をもつ戦車を設《しつら》えさせ、四狗の一人に数えられたスベエテイに追討を命じる。一方で、好敵手であったジャムカの最期が語られる。逃亡中のジャムカは、家来の裏切りでチンギスのもとに引き出される。チンギスは助命しようとするが、ジャムカの願いを聞き入れ、貴人に対する礼をもって処刑する。そうしてモンゴル高原を統一したチンギスは、オノン川上流で九脚の白い馬印のもと、カン位に就き、これまでの家来たちの働きに対する恩賞と、新国家における役職の除目《じもく》を執りおこなう。

鉄車の勅

チンギス・カンは、メルキト部族を襲ってその民を捕らえ、首領トクトア・ベキの嗣子クドの妃であったトガイとドレゲネを奪い、そのうちドレゲネを三男オゴデイ（のちの第二代君主）に与えた。

ドレゲネは、モンゴル帝国第三代君主グユクの生母で、漢文史料に「六皇后」とあらわれる。オゴデイが娶《めと》った六番目の后妃ということか。オゴデイの死後、彼女はグユク政権下で権勢をふるう。

メルキト部族の残党は、タイカルという山に築かれた要塞に立て籠もって抵抗を続けた。タイカルという山の所在は明らかになっていないが、おそらくメルキト部族の遊牧領域のあったオルホン川下流からセレンゲ川流域の一峰とみられる。メルキト領に南接するケレイト部族がオルホン川上流の丘陵上に築いていた要塞は、土塁で四角く囲まれ、その規模は辺長一〇〇メートルほどであった。メルキト部族の要塞も同様であったと考えられる。

チンギスは、ソルカン・シラの子のチンバイ（四八頁）を将とし、要塞に拠ったメルキトの残党を討たせた。トクトアは、息子のクド、チラウンと、わずかな手勢だけで逃れた。それをチンギスは追撃し、アルタイ山脈の南で冬籠もりをした。

丑年《うしどし》（一二〇五年）の春、チンギスはアルタイ山脈のアライ峠を越えて兵を西へと進めた。先の戦いで民を奪われたナイマン部族のグチュルク・カンは、イルティシュ川の支流ブグドルマ川に至り、逃避してきたトクトアと結んで、チンギスを迎え撃つべく兵を整えた。

いにしえよりモンゴル高原に暮らす民にとって、中央アジアから入ってくる先進的文物は魅力的な存在であった。その獲得のために、峻嶺《しゅんれい》がそびえるアルタイ山脈に隘路《あいろ》を切り拓《ひら》いてきた。往時のアルタイ越えには、大きくみて三つのルートがあった。まず山脈の北部を越えてイルティシュ川に出るルート、つぎに中部を越えてウルング川上流の青河《チンホー》に出るルート、さらに南部を越えてウルング川に出るルートであった。ウルング川を下ればイルティシ

図19　ウルング川　周囲には広大な緑地が広がり、東西交通の大動脈が通っていた

ュ川流域にも容易に出られる。アライ峠の位置は定かでないが、いずれかのルート上の要地であったことは疑いない。なお、現在のカザフスタン領内を流れるイルティシュ川に築かれたダムに、ブグドルマという名がみえる。そこに流入する小河川がブグドルマ川らしい。

ブグドルマの地で、チンギス軍はナイマンとメルキトの残党と対陣した。戦闘のなかでトクトアは流れ矢に当たって落命した。すると、残党は総崩れとなってイルティシュ川を渡ろうとし、多くの者が溺《おぼ》れ死んだ。トクトアの子のクド、カル、チラウンの率いるメルキトの民は、西方へと逃れ、カザフ平原のカンクリ人の地を過ぎ、ロシア南部の草原地帯にいたキプチャク人の土地を越えた。

グチュルク・カンは、ウイグル人の地とカルルク人の地を過ぎ、チュイ川のほとりに住む西遼のグル・カンのもとへ向かった。

このグル・カンとは、西遼皇帝チルグのことである。現在のキルギスを流れるチュイ川の流域には西遼時代の廃墟が残る。チルグのもとに身を寄せたグチュルクは、チルグに気に入られて娘婿の座におさまると、ナイマン残党を糾合して、西遼を簒奪してしまう。その顚末《てんまつ》は後述する（一八一～一八二頁参照）。

メルキトとナイマン両部族の瓦解を見届け、チンギスはいったん軍を引き、ふたたびアライ峠を越えてアルタイ山脈南麓の留守営に戻ってきた。チンギスが出征しているあいだ、留守営ではメルキト部族の捕虜が反乱を起こしていた。従者たちの活躍で無事鎮圧できたが、先のタイカル山の要塞の件もあり、残党を一か所にまとめておくのは好ましくない、とチンギスは考えた。そこでメルキト部族の残党たちを、細かく分け、配下の者に与えることにした。

このようにチンギスは、旧部族の紐帯を断ち切り、モンゴル部族に吸収することで、投降者がふたたび叛《そむ》くのを防いだ。モンゴル部族自体も多くの新参者を迎えたことで変質した。各氏部族への帰属意識よりも、チンギスを盟主とする「モンゴル人」という新たなアイデンティティが醸成されていった。

考古資料によると、大河川の流域といった地域単位で埋葬方法が異なっていたものが、十三世紀初頭までに、北頭位仰臥伸展葬に統一された。同時に、頭の脇に羊の肢骨を一点だけ納めるという風習が一般的となった。精神文化においても〝新生モンゴル〟が形づくられていった。

さて、チンギスは四狗の一人であるスベエテイに命じてクド、カル、チラウンを追撃させた。その際、チンギスは、スベエテイにこう勅《ちょく》した。

「クド、カル、チラウンらは驚いて走り去り、同士で射合い、まるで馬取り竿《ざお》に捕まった野馬、手負いの鹿のように逃げていった。もし、あいつらが翼をつけて天に昇れば、スベエテイよ、汝《なんじ》は鷹となってやつらを捕らえよ。タルバガとなって地中に潜れば、鍬《くわ》となって掘り起こせ。魚となって大海に入れば、巻き網、引き網となってすくい取れ。

高い峠を越え、広い川を渡っていくからには、その距離が長いことを考えて、馬を痩せさせぬようにいたわれ。飼葉が乏しくならぬように気をつけろ。馬が痩せていては使いものにならないぞ。

行く手には野獣が多いが、行軍の途中で狩りをするな。また、際限なく巻狩りをすることも許さん。軍の糧食を補うための巻狩りでも、獲物の数を限れ。平時は馬具の尻繋《しりがい》をはずし、轡《くつわ》をはめないと定めておけば、急に獲物が跳び出て狩りをしたくなっても、馬を駆けさせることはできないはずだ。この掟を破る者は捕らえて打て。わしの命令に背いた者のうち、わしの裁可が必要な場合は、こちらに戻せ。それ以外の者は直ちに斬って捨てよ。

遠く山河を隔てようとも、わしと汝の心はひとつであるぞ。とこしえの天の神の加護を受けて、トクトアの子を捕らえたならば、わしのところに連行する必要はない。その場で斬り捨てよ。

スベエテイよ。わしは若きとき、メルキトに追われてボルカン・カルドゥンを三度まわった。そのときの仇がいま逃げていったのだ。長い枝の先まで、深い水の底まで追っていけ。

いつも近くにわしがいると思っていれば、とこしえの天の神も加護してくれるであろう」

そうしてチンギスは、鉄車を含む軍隊をスベエテイに委ね、丑年に出征させた。

このチンギスからスベエテイにかけられた言葉は、後世の歴史家の間で「鉄車《てつしゃ》の勅《みことのり》」とよばれている。

じつは『元朝秘史』のこの部分には年代上の大きな誤りがある。メルキト残党の掃討にスベエテイが派遣されたのは、丑年でも前後の話題から想定される一二〇五年ではなく、一回り後の一二一七年の出来事であったことは、『集史』『聖武親征録』の考証から、那珂通世をはじめとする先学によって縷々《るる》指摘されてきた。おそらく西方に逃れたメルキト残党の掃討作戦は、幾度となく繰り返されたのであろう。それらの事情を知らない後代の『元朝秘史』執筆者が混同したのか、あるいは、意図的にひとまとめにして記したのかもしれない。

ところで、ここに登場する「鉄車」とは、おそらく木製車輪の外枠部に、鉄板をぐるっと一周巻き付けた、あるいは鉄鋲《てつびょう》を無数に打ち込んだ戦車のことである。

モンゴル高原で戦車が用いられるようになったのは、紀元前一二〇〇年ごろであった。牛や馬を動力とし、当初はすべて木製であったが、紀元前一世紀ごろになると、すでに「鉄車」に近い車が用いられていた。けっして最新鋭ではなかったが、たとえ悪路であろうとも、不退転の決意で目的を完遂せよというチンギスの執念が、「鉄車の勅」からうかがえる。

ジャムカの死

ナイマン部族のタヤン・カンのもとにいたジャムカは、モンゴル高原西北部に横たわるタンヌ山脈に逃れていた。困窮してアルガリ（野生羊）を捕まえて糧としていた。五人の従者を連れていたが、彼らは謀ってジャムカを捕らえ、チンギスのところへ連行してきた。

チンギスの前に引き出されたジャムカはいった。

「家来が主人に手を下した。賢明なわが盟友なら、誤って処置することはないだろうな」

それに答えてチンギスは、

「主人に手をかけた者をそのままにしておけない。そんなやつらとは友になれない。一族もろとも斬り捨ててしまえ」

といって、従者たちをジャムカの面前で処刑した。

そしてチンギスはジャムカにいった。

「いま、こうしてふたたび出会ったのだから、もういちど友になろうではないか。離れて別々の歩みをして、争ったりもしたが、もういちどともに暮らそうではないか。ケレイトの民とカラカルジトの砂漠で戦ったとき、王《オン》カンを詰問した言葉は、おまえのおかげで思い出したものだった。また、ナイマンの民を言葉巧みに弱気にさせたのも、おまえのおかげだ。感謝しているぞ」

ジャムカは答えた。

「幼いとき、ゴルゴナク河原でおまえと盟友の契りを結び、誓いの固めの食事をし、心に染みる言葉を交わし、寝具を分けあって眠った。それなのに周囲の者にそそのかされ、けしかけられて離れてしまい、大事な誓いを守れなかった。本当に必要なときに、友になってやることができなかった。

いま、おまえは天下を平定し、君主の位に就いた。いまさら友となっても、おれはおまえにとって何の助けにもならない。かえっておまえの心をわずらわせ、苦しみの元凶になるだけだ。

おまえには母君や才溢れる弟たちがいて、勇猛な家来と駿馬にも恵まれている。それに比べて、おれは早くに父母を亡くし、弟はなく、妻は口うるさく、従者は頼りない。

とこしえの天の神の加護あるおまえに敵《かな》うわけがない。

盟友よ、もしおれの望みを叶えてくれるなら、早く殺してくれ。願わくは血を流さないで殺してくれ。おれの魂は、おまえの子孫に至るまで護《まも》り、幸いを祈るだろう。おれの言葉を忘れず、朝な夕なに思い出して声を掛けてくれよ」

この言葉に対してチンギスは、

「そういわれても、理由もなく殺すわけにはいかない。わが盟友は、わしのことを罵《ののし》ったことはあっても、命まで奪おうとはしなかった。それゆえ、助けるといっているのに、本人は殺せという。占ってみても〝殺せ〟というお告げは出てこない。涙をのんでつぎのような理由にしよう。かつて、わが配下のジョチ・ダルマラと盟友の弟タイチャルが馬群を奪い合い、盟友が刃向かってきてダラン・バルジュトで戦い、わしをジェレネ渓谷に追いこんで脅かしたことがあったな。また、いま、ふたたび友となろうとしても、わしの言葉に従わない。これが理由だ」

といい、

「盟友のいうとおり血を流さずに死なせてやろう。その骨は目につくところに捨てず、よく葬ってやれ」

と左右に命じた。ジャムカは処刑され、遺体は丁寧に埋葬された。

いつのころからかモンゴルでは、大地を血で汚《けが》すことを嫌うようになった。モンゴル人は口々にチンギスが決めたことだというが、じつのところは定かでない。

羊や山羊といった小型家畜の解体は、ナイフで胸にわずかな切れ目を入れ、そこから腕を差し込んで心臓につながる太い血管を指で引きちぎる。すべての血は腹腔《ふっこう》（腹部内臓が入っているうつろな部分）にたまり、それをすくって腸に詰め、茹《ゆ》でてソーセージにして食する。

しかし、処刑の場合は、刀で首をはねるのが一般的であった。とうぜんながら大地を血で染めることになった。ただ、貴人の場合はちがった。たとえば、第三代君主グユクの皇后であったオグル・ガイミシュは、第四代君主モンケによって、フェルトに巻かれて水中に投下された（『集史』）。また、第五代君主クビライに反旗を翻した皇族ナヤンは、フェルトに巻かれ、周囲から小突きまわされて殺された（『東方見聞録』）。いずれも目や耳を覆いたくなる残忍なやり方で、ジャムカの処刑方法が『元朝秘史』に出てこないのは、幸いかもしれない。

『集史』には異なるジャムカの最期の姿が記されている。盟友を殺すのは忍びないとチンギスは、ジャムカの身柄を従兄弟のエルジディに預けた。数日後、エルジディはジャムカを八つ裂きにすることにした。それを告げられたジャムカは「おまえの好きなようにやれ。おれに天の加護があったなら、おまえを八つ裂きにしただろう。おまえに天の加護があったのだから、早くおれを八つ裂きにしろ」といいながら、関節部分を差し示して、少しも怯《おび》えたようすをみせなかった、とある。

図20　トグ　現在でも国家の儀式や祭典にしばしば登場する

即位と除目

フェルトの天幕に住む民を統一すると、寅年《とらどし》（一二〇六年）、オノン川の源にみな集い、九つの脚のついた白い馬印を立て、「チンギス・カアンにカンの称号を奉った」。

ここで馬印と訳したものは、トグという長柄《ながえ》の旗指物《はたさしもの》で、守護神が宿るとされる。長さは三～四メートルほどで、最頂部には槍先状、あるいは三叉《みつまた》に分かれた鍍金青銅《ときん》製の穂先が付き、その根元には馬のたてがみか尾毛で作った総《ふさ》が垂れる。総は平和のシンボルの白に染められていた。九はモンゴル人にとって聖数であるが、脚というのはよくわかっていない。トグが九本あったとみるほかに、総の部分が九つに分かれていたとか、九人の武将に支えられて立っていたとか、諸説ある。

この馬印のもとで、チンギスに「カン」の位が奉られた。繰り返しになるが、当時のモンゴル高原では、カン（時代が下るとハンとも）とは族長や国王の意である。第3章（六九頁）で述べたように、ヘンティー山地のフフ・ノールでキヤト氏族長に推戴され、すでに彼はカン位に就いていたが、今回のものには、より上位の国王という意が込められていた。

ついでにチンギスという尊号にも触れておきたい。これもフフ・ノールで奉られたものであったが、そう記すのは『元朝秘史』のみで、ほかの史料はこぞって今回の即位で贈られたとしている。おそらくこのほうが史実であろう（ただし、本書では『秘史』の記述に従い、フフ・ノールの即位以降、テムジンをチンギスと言い換えてきた）。

歴史教科書的には、この出来事をもって「モンゴル帝国」の成立とする。帝国ならば、その君主は皇帝とよばれたはずである。しかし、チンギスは生前、皇帝の意の「カアン／カガン」（時代が下るとハーンとも）を称することはなかった。死後に追贈されたため、『元朝秘史』ではカアンと記される。ゆえに前出のような「カアンにカンの称号を奉る」という不可思議な文章が生まれたのである。この国の君主が生前にカアンを名乗ったのは第二代オゴデイからであった。

そうならば、このとき誕生した国を「帝国」とよぶのはふさわしくない。『元朝秘史』に国号についての確たる記述はないが、漢文史料を参照すると、対金戦争が始まる一二一一年ごろには「大蒙古国」と自称していたらしい。これはモンゴル語の「イェケ・モンゴル・ウルス（大モンゴル国）」による。国と訳されたウルスという単語は、本来は「民の集まり」という意味である。

遊牧圏という領域はあるが、農耕民とは異なり、土地に明確な境界を設けないのが遊牧国家である。国の広がりや大きさは、そこに住まう人口の多寡と連動する。このように領土ではなく領民によって規定される国家がウルスである。人の集まりであったからこそ、この地では匈奴《きょうど》の時代から千戸制が国家統治の基本に採用されてきた。

チンギスは、「建国にあたり力を尽くした者を千戸の長に任じ、恩賞を申し渡そう」と述べ、八八人の名を挙げ、総数九五の千戸の長に任じた（表３）。

彼らの『元朝秘史』における掲載順は、おおむね勲功の程度が高い者からと考えられている。最後にチンギスの娘の配偶者（駙馬《ふば》）が付け加えられている。彼らのなかにはオングトのアラクシ・デギト・クリのように大部族の長もいて、一人で複数の千戸を束ねた。

第７章（一二九〜一三〇頁）で既述のように、千戸とは一〇〇〇人の兵隊を出す単位であ

順位	人物名	備考
45	ユルカン	
46	ココ	
47	ジェベ	四狗
48	ウドタイ	ドダイか
49	バラ	ジャライル部族、侍従
50	ケテ	
51	スベエテイ	四狗
52	モンコ・カルジャ	
53	クルチャクス	
54	ゲウギ	
55	バダイ	ダルカン
56	キシリク	ダルカン
57	ケテイ	
58	チャウルカン	チャウルカイとも
59	オンギラン	
60	トゴン	
61	テムル	
62	メゲトゥ	モンゲトか
63	カダアン・ダルドルカン	タルグト氏族
64	モロカ	
65	ドリ・ブカ	
66	イドカダイ	
67	シラクル	
68	ダウン	
69	タマチ	
70	カウラン	
71	アルチ	
72	トサカ	トブサカとも
73	トンクイダイ	
74	トブカ	
75	アジナイ	
76	トイデゲル	
77	セチウル	
78	ジェデル	
79	オラル	駙馬
80	キンギヤダイ	駙馬
81	ブカ	駙馬
82	クリル	駙馬
83	アシク	駙馬
84	カダイ	駙馬
85	チグ	駙馬
86	アルチ	3千戸、駙馬
87	ブト	2千戸、駙馬
88	アラクシ・デギト・クリ	5千戸、駙馬

表3　功臣表

順位	人物名	備考	順位	人物名	備考
1	モンリク		23	ジェテイ	
2	ボオルチュ	右翼万戸、四駿	24	タガイ	
3	ムカリ	左翼万戸、四駿	25	チャカアン・ウア	
4	コルチ・ウスン		26	アラク	
5	イルゲイ		27	ソルカン・シラ	チラウン（四駿）、チンバイとともに
6	ジュルチェデイ		28	ボルカン	
7	クナン		29	カラチャル	
8	クビライ	四狗	30	ココチョス	
9	ジェルメ	四狗	31	スイケトゥ	侍従
10	トゲ		32	ナヤア	中軍万戸
11	デゲイ		33	ジュスク	ジュンソとも
12	トルン	侍従、モンリクの子	34	クチュグル	グチュグルとも
13	オングル		35	バラ	オロナウル氏族
14	チュルゲテイ		36	ダイル	
15	ボロクル	四駿、ボロウルとも	37	ムゲ	
16	シギ・クトク	断事官	38	ブジル	
17	クチュ		39	モングウル	
18	ココチュ	ベスト氏族	40	ドロアダイ	
19	コルコスン		41	ボゲン	
20	フスン		42	クドス	
21	クイルダル		43	マラル	
22	シルゲイ		44	ジェブケ	

本田実信『モンゴル時代史研究』を一部改変

った。原則的には一戸（一世帯）から一名の兵を出すことになっていた。九五の千戸があったということなので、当時のモンゴル軍の兵力は九万五〇〇〇であったことになる。また、一世帯あたりの人数を五〜六人と仮定すれば、当時のモンゴル高原には四七万五〇〇〇〜五七万の人が暮らしていたと算出できる。清朝支配が終わった一九一八年の外モンゴルの人口が約六五万人であったことから、この推計人口はあながち的外れではないと思う。

九五の千戸のうち、アルタイ山脈の麓にあった右手（モンゴルでは南を向いて西を右手・右翼、東を左手・左翼という）の千戸群をボオルチュが統べた。このように複数の千戸を統括する地位を「万戸長」といった。彼はいわば西部方面軍の総司令官であった。のちの中央アジア遠征といった西方での軍事行動では、総参謀の役割を果たすことになる。

片や、左手の大興安嶺の麓にあった千戸群は、ムカリが万戸長となって管轄した。同じようにたとえるなら、彼は東部方面軍の総司令官といえる。金国遠征では、西征中のチンギスの名代として全権をふるう。

ボオルチュは幼いころチンギスとともに馬泥棒を追いかけて最初の僚友となり、四駿の一人に数えられた。ムカリもまた四駿の一人に挙げられた英傑であった。この二人のような、とくに勲功があった者には、チンギスが慰労の声を掛けて恩賞を言い渡した。恩賞といっても新国家での役割が与えられるという、多分に除目の意味合いが強かった。

たとえばシギ・クトクはジャルグチ（断事官《だんじかん》）に任ぜられた。ジャルグチとは検察官と裁判官とを兼ねたような役割であった。

彼はウルジャ川の戦いの際、敗走したタタル部族の陣地に置き去りにされていたのをチンギスに拾われ、ホエルンによって育てられた人物（八五頁）で、チンギスにとって弟のような存在であった。

チンギスは、つぎのように勅した。

「所領を定め、裁定を下した結果は、青き冊子に書き込め。子々孫々に至るまで、わしがシギ・クトクと相談して青き文字で白い紙に書きつけたことは改めてはならぬ。改めた者は罰せられると心得よ」

この青き冊子とは「ココ・デブテル」といい、一説には白い紙に、西方伝来の青いインクで記されていたとされる。一種の戸籍簿で、モンゴル本土だけでなく、征服地でも作成され、のちの元朝でも作られていたことが漢文史料からわかっている。ただ、現物は伝わっていない。

このような行政文書の存在は、シギ・クトクなど文字の読み書きができる者が、当時のモンゴル政権の中枢部にいたことを示す。『元朝秘史』にはみられないが、『元史』にはつぎのような記載がある。

ナイマン部族が瓦解したとき、捕虜のなかに文字が使え、印章を用いる文書行政に通じたタタトンガ（一四頁）というウイグル人がいた。チンギスは彼を登用し、自分の子供たちに文字を習得させた。

タタトンガが伝えたのは、ウイグル文字であった。この文字は八〜九世紀のウイグル・カガン国の時代から、古代トルコ語（古ウイグル語）を表記するのに使われた。ウイグル・カガン国が滅び、その遺民が天山方面に移住してウイグル王国を建てると、しだいにこの文字もモンゴル高原から消えたが、『元史』の記述通りならば、チンギスによってモンゴル語の表記のために用いられるようになった。これはウイグル式モンゴル文字（一五頁、図2）としていまも使われている。

チンギスが勃興した当時のモンゴル高原には、漢字や女真文字の碑文が刻まれた。それらを読み書きできる人はいたはずである。チンギス自身に識字能力があったかは定かでないが、ジャウト・クリとして国境警備に当たり、金との間で頻繁なやりとりをしていたからには、そこで使われていた漢字や女真文字に、比較的早い時期から接していたはずである。にもかかわらず、彼はウイグル文字を採用した。

その理由には、表音文字のウイグル文字のほうが、習得やモンゴル語の表記の面で簡便だったからであろう。また、ウイグル系商人を介した西方諸国との交易が盛んで、有用性が高かったためとも考えられる。十三世紀初頭のモンゴル高原出土の考古遺物をみると、金国産の陶磁器や鉄素材が多数を占めるが、よく調べてみると、陶器の一部やガラス器に中央アジア産の品々を少なからず見出せる。

漢文史料の数量が多いためか、モンゴル帝国初期の経済や文化には、金国の影響が強かったと無意識に刷り込まれているが、ウイグル文字採用の一件は、西方との結びつきの強さも改めて教えてくれる。

そのほかに、家宰としてチンギス一族を支えたモンリク（三九頁）、フフ・ノールでの機転の利いた〝神託〟で劣勢挽回《ばんかい》の契機をつくったコルチ・ウスン（六八頁）、あまたの戦いでチンギス軍の先鋒として活躍したジュルチェディに対しても、チンギスは手厚く労をねぎらった。

モンリクには、つねに上座に着き、年々の賜与恩賞を子々孫々まで受ける権利が与えられた。コルチ・ウスンには、シベリアに住む森林の部族などの万戸が与えられた。ジュルチェデイには、ケレイト部族長トオリルの姪《めい》でチンギスに嫁していたイバカ・ベキ（一二五頁）が与えられた。

第9章　古参と新参

――統治組織の編成

巻九（二〇九～二二九節）でも、前章につづきチンギス・カンによる論功行賞の場面が語られる。一二〇六年のチンギスの登極にともなう除目で千戸長に選ばれたなかには、モンゴル部族の長老や氏族長などの有力者だけでなく、チンギスの代になって加わった僚友や帰服者の顔もあった。チンギスは、古参と新参を分け隔てることなく、その功績に応じて報いた。一方で、千戸長などの子弟を徴募し、平時にはチンギスの身辺にあって奉仕し、有事にはその馬前で戦う、総勢一万にもなる親衛隊を組織した。彼らは四班に編成され、輪番で宮廷の諸事に当たった。これを輪番組とよぶ。彼らはチンギスの身辺に侍る機会が多く、その過程でチンギスとの強固な主従関係が築かれた。輪番組のなかからは、チンギスの薫陶《くんとう》を受け、国家経営の中枢を担う有能な人材が育っていった。

肝胆相照らす

『元朝秘史』では、前章で紹介した「功臣表」とよばれる順位におおむね従い、論功行賞の場面が描かれている。先学が指摘するように、『秘史』が国家の重要な行事において朗誦《ろうしょう》されたのならば、その名が登場することは、本人にとってだけでなく、子孫にとってもこのうえない誉れであったにちがいない。ただし、すべての千戸長が登場しているわけではない。

編者の何らかの意図で、取捨選択がおこなわれた結果と考えるべきで、それが『秘史』のもつ多くの謎を読み解く手掛かりとなると考えられる。

チンギス・カンはクビライを召した。彼はキヤト氏族と並ぶモンゴル部族の名門バルラス氏族の出身で、ボルカン・カルドゥン南麓のフフ・ノール（青い湖）で開かれた、いわゆる第一次即位に駆けつけた古参であった。

「クビライはかつて屈強な相撲《すもう》取りを負かしたことがあったな。そんなおまえにくわえて、ジェルメ、ジェベ、スベエテイという忠実な四匹の狗を思いのままに放してやれば、どこにでも行き、堅き岩を押しつぶし、高き崖をよじ登り、白く光る石を砕き、深い水も涸れんばかりの活躍をしてくれた。この四人を外に遣わし、ボオルチュ、ムカリ、ボロクル、チラウンの四頭の駿馬を傍らに侍らせ、ジュルチェデイ、クイルダルの二人が、それぞれウルウト氏族とマングト氏族の兵団を率いてわしの馬前に控えれば、合戦となろうとも、わしの心は安らいだものだった」

そういってチンギスは、クビライに軍事のすべてを委ねることにした。

また、チンギスはクナンにいった。

「クナンは、暗い夜には狼のように敵に忍び寄り、明るい昼には黒い鳥のように敵を探り、移動するときは止まらず、滞留の間は動かない。いつも潔い態度で、恥ずかしい振る舞いをしたことがない。何か事をおこなうときは、必ずクナンとココチョスの両名に相談するようにせよ。クナンはゲニゲス氏族を率い、わが長男のジョチに仕えてほしい」

クナンにはフフ・ノールに参集して以来の、チンギスに対する長きにわたる貢献があった。彼が率いるゲニゲス氏族は、モンゴル部族の伝説的な賢君とされるカイドゥの孫を祖とする名族であった。こののち皇子ジョチに仕えることになる。一方、ココチョスもバアリン氏族を率いてフフ・ノールに集った一人で、のちに皇子チャガタイの王傅《おうふ》（家宰）となる。

つぎに召されたのはジェルメであった。ジェルメはボルカン・カルドゥンの麓に住んでいたウリャンカイ部族の出身で、モンゴル部族に隷属する鉄工を父にもち、生まれたときからチンギスに仕えることが定まっていた（五二頁）。

「鞴《ふいご》を背負ったおまえの父ジャルチウダイが、ボルカン・カルドゥン山から幼いおまえを連れてやってきて、おまえとわしを僚友にして以来、おまえはいつも傍らに侍って、わしに尽くしてくれた。長き縁と幸福に満ちたおまえは、たとえ九つの罪を犯すとも罰せられることはない」

ついでコンゴタン氏族のトルンを召した。コンゴタン氏族は、ゲニゲス氏族と同じく、カイドゥの孫を祖としていた。チャラカ老人とモンリク親子（三九頁、四四頁）で知られるように、父祖の代からチンギス家に仕え、モンリクの子のトルンはチェルビ（侍従）の一人であった。

「おまえは民を集めるのに努めてくれた。これからのちは、自分の力で得た人民は、自分の千戸の民としてよいぞ」

千戸長という貴族の地位に列せられたことを契機に、コンゴタン氏族は急速に力を増していく。いずれ起こる大事件への助走がここから始まった。

チンギスは、宮廷の飲食や饗応《きょうおう》を掌《つかさど》るオングルを召し、たずねた。

「おまえらはチャンシウト氏、バヤウト氏などの一団となって、わしのもとに馳《は》せ参じてくれたな。おまえは霧の中でも迷わず、乱戦のなかでも離れることはなかった。濡れるときはともに濡れ、凍えるときは凍え合ってきた。いま、どんな恩賞がほしいか」

ジャムカと袂《たもと》を分かち、フフ・ノールで即位したとき以来、オングルはチンギスに付き従ってきた。オングルは、散り散りとなっている出身氏族のバヤウトの民を集めたいと申し出た。チンギスはそれを認め、オングルをバヤウトの千戸長とした。バヤウト氏族とは、チンギスの遠い祖先であるドブン・メルゲンの説話のなかに、その源流を見出せる、古くからのモンゴル部族に隷属していた集団であったらしい。

報恩と雅量

続けてボロクルが召された。改めて述べるまでもなく、彼は四駿の一人に数えられた寵臣で、『集史』には左翼万戸長ムカリを補佐する立場にあったと伝わる。その彼にチンギスはいった。

「わが母はシギ・クトク、ボロクル、クチュ、ココチュの四人を民の牧地から拾い上げ、わが子として養い、立派で強い男になって、わしの良き友となるように願っていた。おまえらはその恩によく報いてくれたぞ。ボロクルは激しい戦いに、わしとともに出かけ、雨の夜にはよく気をつけて宿らせ、対陣の最中に汁を用意してくれたこともあったな。

父祖の代からの怨みのあるタタルの民を征伐して、大人どもを根絶やしにしたとき、男が逃れ、飢えてわが母のところにやってきて『何かくれ』といった。母に『ほしければそこで待て』といわれたので、その男はゲルの外隅に座っていた。そのとき、五歳になったトルイが、ゲルに出たり入ったりしていた。即座に男はトルイを脇に抱え、刀を抜いて走り去った。ちょうどボロクルの妻のアルタニが母のゲルの東にいた。『孫がさらわれた』という母の叫び声を聞いてアルタニは駆け出し、男に追いつくと、その辮髪《べんぱつ》をつかみ、その手をとらえて刀をふり落とした。ゲルの北にはジェティ（フフ・ノール除目の箭筒士《せんとうし》）、ジェルメがいて、牛を解体している最中であった。二人はアルタニの声で事を知ると走り出て、斧《おの》と拳《こぶし》で男をその場で殺した。もしアルタニが男の手を引いて刀を落とさせなかったら、トルイの命はなかっただろう」

ボロクルはユルキン氏族に隷属していたフウシンという集団の出身であった。ユルキンがチンギスによって滅ぼされた事件のときに拾われたとされる（八六頁）。その出来事は一一九六年ごろであったとみられるが、そうだとすると、いささか都合が悪い。それはトルイが一一九二年の生まれだからである。トルイが五歳のころには、ボロクルも幼かったことになり、彼が妻帯者であったことと矛盾するからである。このような年代上の齟齬《そご》は、『元朝秘史』にはしばしば見受けられる。

その話は脇に置くとして、ボロクルにはさらに大きな功績があった。チンギスは続ける。

「ケレイト部族とカラカルジトの砂漠で戦ったとき、オゴデイが首を射られて倒れた。ボロクルは、固まった血を口で吸い、徹夜で看護を続け、翌朝になると深手を負って馬に乗れないオゴデイを自分の馬に乗せ、固まった血を吸いつつ、口のまわりを血で赤く染めつつ、オゴデイを連れ帰ってくれた。わが母の恩に報い、わが二人の子の命を救ったのだ。ボロクルが九度罪を犯しても罰するな」

ついでチンギスはコルチ・ウスンを召してこうにいった。

「モンゴル部族にはベキという制度があり、貴族のなかから選ばれる慣わしとなっている。バアリンは部族のなかでもっとも古い氏族である。ベキには古い謂《い》われのある者がなるしきたりだから、コルチ・ウスン老人がなれ。ベキになれば、白衣をまとい、白馬にまたがり、民草の衆の上座にすわって祭祀を執りおこない、月日の吉凶を占うように」

コルチ・ウスンは、フフ・ノールでの第一次即位の際、テムジンにカンの位に就けという神託を下した人物である（六八頁）。彼の発言は、チンギスの心が即位へと定まる契機となったと同時に、ジャムカへの想いを捨てきれなかった者たちの迷いを消し去る効果があった。

彼の属したバアリン氏族は、モンゴル部族の神話的始祖であるアラン・コアの子孫で構成された「ニルン」（二九頁）から、もっとも早く枝分かれした氏族であった。政治的な実権は、ニルンの本流のボルジギン氏族集団から出たキヤト氏族に渡っていたが、シャーマン的な役割で部族内において影響力を保っていたようである。

「ベキ」という地位は、メルキト部族の首長がトクトア・ベキであったように、未開で祭政一致の色彩の強いモンゴル高原諸部族の間では、部族を束ねるような存在であった。そのことから、コルチ・ウスンの部族内での地位も、けっして低くなかったと思われる。チンギスは尚武を重んじて論功行賞をおこなっただけでなく、コルチ・ウスンのような長老の調整力も正当に評価した。

チンギスは、武功をあげながら陣没した者の遺族に対してのねぎらいも忘れなかった。カラカルジトの戦いで深手を負い、その傷がもとで命を落としたクイルダル（一一二～一一四頁）の遺児には、子々孫々に至るまで恩賜《おんし》をとらせることが約された。また、ダラン・バルジュトで戦死したチャカアン・ウア（七九～八〇頁）の遺児ナリン・トオリルに対しては、彼のいたネグス（チノス）一族を集めて子々孫々に至るまで統治することを許した。

つぎに召し出されたのはソルカン・シラであった。

チンギスが幼少のとき、タイチウトのタルグタイ・キリルトクに疎まれて、オノン川のほとりの営地に捕らえられていたが、そこから辛くも脱し、ソルカン・シラの家に逃げ込んだことがあった。ソルカン・シラはチンギスを匿い、チンバイ、チラウン、カダアンという三人の子供にいいつけて世話をさせ、母のもとへと逃してくれた（四八頁）。

「おまえたちの恩を夢の中でも忘れたことはなかった。タイチウト氏族から遅ればせながら帰参してくれた。さて、おまえたちはどんな褒美がほしいか」

するとソルカン・シラ親子はいった。

「願わくは、メルキト部族の領地であったセレンゲ川流域を自由に遊牧させて下さいますように」

それに対してチンギスは

「子々孫々に至るまで矢筒を帯び、酒宴に侍り、良きようにするがよい」

と願いを許し、くわえて、九度の過ちを犯しても罰せられることのない特権を、ソルカン・シラに与えた。

ソルカン・シラの三人の子供たちのうち、長兄のチンバイと妹のカダアンについては、ほとんど事績が伝わっていない。一方で、チラウンはバアトル（勇者）の称号を帯びて、四駿の一人として華々しい勲功をたてることになる。

ソルカン・シラが欲した自由に遊牧する権利とは、国家のさまざまな賦課《ふか》が免除された特権貴族で、「ダルカン」とよばれていた。ダルカンは官職ではなく、世襲でもなかった。

このとき、ほかにもダルカンの特権を与えられた者がいた。ケレイト部族から寝返ったバダイとキシリクである（一〇八頁）。この両名には、ケレイト部族長トオリルの息子セングンの企てたチンギス襲撃計画を、早馬で夜通し駆けて注進したという、ソルカン・シラに劣らない大きな功績があった。主君への裏切りを極度に嫌うチンギスであったが、みずからの命の危険を顧みず、チンギスの窮地を救った働きには最大限に報いた。

さらに、タイチウト氏族に隷属していながらもチンギスに降《くだ》ったナヤア（万戸長）、スベエテイ（四狗の一人）、デゲイ（フフ・ノール除目の牧羊司《ぼくようし》）、クチュグル（フフ・ノール除目の営繕司）、そしてタタル部族の兵士としてチンギスの愛馬の顎《あご》を射たジェベ（四狗の一人）など、かつての敵であった者たちにも、チンギスは雅量に富む態度で応《こた》えた。このような新参の功臣が千戸長となり、戦乱のなかで投降した雑多な隷属民たちを収容し、組織化することで、新たなモンゴルの民が形づくられていった。

選ばれし輪番組

チンギス・カンはナイマンとの決戦の直前、宮廷組織の整備にも着手していた。今回の登極にあたり、それを大幅に改組した。

宮廷組織のうち、とくにチンギスが力を入れたのが輪番組（ケシクテン）であった。これは、選ばれた壮健な若者で班編成され、輪番でチンギスの身辺にあって奉仕する組織であった。彼らの一部は、有事の際にチンギス直属の精鋭部隊にもなった。『元朝秘史』ではかな

表4　チンギス・カンの輪番組（ケシクテン）

職名	人数		統括者	班長
宿直番（ケブテウル）	1,000		イェケ・ネウリン	
箭筒士（コルチ）	1,000		イェスン・テエ	イェスン・テエ
				ブキディ
				ホルクダク
				ラブラカ
日直番（トルカウト）	8,000	1,000	オゲレン侍従	
		1,000	ブカ（輪番班長）	
		1,000	アルチダイ（輪番班長）	
		1,000	ドダイ侍従（輪番班長）	
		1,000	ドコルク侍従（輪番班長）	
		1,000	チャナイ	
		1,000	アクタイ	
		1,000	アルカイ・カサル（精鋭隊長）	
合計	10,000			

りの紙幅を割いて組織のあらましを紹介していることから、その重視のほどがうかがい知れる。

対ナイマン戦の直前の定めでは、夜間の警備を担当する宿直番（ケブテウル）が八〇人、昼間のさまざまな業務に当たる日直番（トルカウト）が七〇人であったが、今回は、千戸ごとに一定の人員を徴発して、箭筒士（コルチ）も含めて総勢一万人まで拡大することになった（表4）。

基本的に選抜されたのは、千戸、百戸、十戸の長の子息であった。千戸長の子息の場合、その弟一人と一〇人の従士を、百戸長の子息では弟一人と五人の従士を、十戸長の子息では弟一人と従士三人を従え、馬と糧食を携えて出頭することが定められた。各戸長家以外の若者の加入も認められたが、その場合は、技能をもち、眉目秀麗《びもくしゅうれい》の者に限られた。

そのうえでチンギスは、つぎのように付け加えた。

「この勅《みことのり》に背く者は罰するぞ。入営すべき者でありながら参じない者、代わりの者を入れて忌避した者は罰し、わしの目の届かぬ遠方の地に流せ。また、わしに真摯《しんし》に仕え、学ぼうとする者を妨げてもならぬ」

この言から、どうやら輪番組には、千戸長などから近しい肉親をチンギスのもとに差し出させることで、その離反をくい止める、いわば人質の役割があったことが推測できる。ただそれだけでなく、チンギスみずからが教育することで、産声をあげたばかりの国家を支える有能な人材を発掘しようという思いもうかがえる。

チンギスの勅によって、千戸から十戸に至る戸長の子たちを選び出し、当初は八〇人であった宿直番は、一〇〇〇人まで増やされることになった。その長にはイェケ・ネウリンなる者が任ぜられた。

箭筒士も、その時点までに四〇〇人いたが、四班編成の総勢一〇〇〇人まで増員されることになった。その長にはジェルメの子イェスン・テエが任じられた。

箭筒士、すなわちコルチとは、矢筒の意のコルに、職業の担い手を表す接尾辞の「チ」が付いたもので、矢筒を帯びた者というのがモンゴル語の原意である。すでにフフ・ノール除目にみられた役職であった。優れた弓矢の腕前をもって警護の任に当たった武人たちであったと容易に想像できる。弓馬の道が重んじられるモンゴルでは、エリートのなかのエリートであった。

日直番も八〇〇〇人に増員となり、一〇〇〇人ずつの八班に編成された。そのうち一班には、とくに勇猛な精鋭を集め、平時には日直番の業務をこなし、有事にはチンギスの馬前で戦うように命じられた。この精鋭隊の指揮は、フフ・ノール即位にも名を連ねたジャライル部族出身のアルカイ・カサルが執った。

こうして宿直番、箭筒士、日直番から成る総勢一万の輪番組という組織ができあがった。チンギスは、

「われらの傍らに侍る一万の輪番組は、大いなる中核の力となろう」

と勅した。

日直番の八〇〇〇人は、四班に分けられ、ブカ、アルチダイ、ドダイ、ドコルクがそれぞれの長となった。各班長の命のもと、四つの班は回り番で、三日三晩をひとつの勤務単位として宮廷での任務に就いた。

一回の当番における班員の数は判然としない。後述のように、宿直番の数は極秘事項であった。それ以外の箭筒士と日直番の数も、部外秘でなくても、あえて公開する必要はなかった。

輪番組の職務は、罰則を設けて厳しく管理された。たとえば、当直を怠った場合は三度の

笞打《むちう》ちと定められた。その者がふたたび当直を怠った場合には七度打たれた。さらにその者に病気がなく、それぞれの所属班長に無断で三度の怠りがあったときには、三七度の笞打ちのうえ、遠流《おんる》となった。この決まりは班長によって班員に徹底された。もし班長がきちんと伝えなかった場合には、班長の責任となった。以上の処罰は班長の一存ではできず、かならずチンギスの裁可が必要とされた。

輪番組の地位は、千戸の長よりも上位とされた。また、組員の従者たちは百戸・十戸の長よりも上位に位置づけられた。

輪番組の日々の職務のようすは、おおむねつぎのようであった。日勤と夜勤に分かれ、日勤は日直番と箭筒士が、夜勤は宿直番が担当した。両者は日没前に交替した。交替の際には、割符《わりふ》のような身分証明の提示が求められた。退出の際には、箭筒士は矢筒を、食膳司は食器を宿直番に渡さなければならなかった。朝は、チンギスが朝食の肉汁を飲んでから、宿直番の許しを得たのち、日直番と箭筒士は自分の持ち場に就いた。

日没の後は、宿直番を除いて、何人《なんびと》も宮廷に立ち入ることはできなかった。宮殿の背後から前に通り抜けていく者は、宿直番に捕らえられ、翌朝、取り調べにあった。宿直番は、夜中は宮殿のまわりに臥し、また、門を守って立った。夜になって宮廷内に無断で入る者があれば、その頭は打ち割られ、腕は切り落とされた。急用であってもチンギスに直接伝えるのではなく、必ず宿直番を通した。その宿直番の人数は機密とされた。その数を問う者は、乗っていた馬もろとも拘束された。

何人たりとも、この決まりに例外はなかった。たとえば、日ごろからチンギスに信任されていたエルジギディという者でさえ、晩に、宿直番の脇をすり抜けたという理由で捕らえられたことがあったという。

第10章　母知りて心に憂う

——初期政権の動揺

巻十（二三〇～二四六節）では、前巻にひきつづき宿直番、日直番、箭筒士《せんとうし》から成る輪番組について記される。モンゴル版の官僚機構がようやく整う。つづいて、シベリア南部の針葉樹林地帯に暮らす「森の民」の征服にのりだし、長子ジョチが初めての武功をあげたようすが語られる。このように順風満帆にみえたチンギス・カンであったが、その周辺に不和も生じる。原因となったのが、父祖の代からの忠臣モンリクの子で、チンギスの信が篤かった祈禱師《きとうし》テブ・テンゲリの専横であった。大事に至ることなく事件は解決したが、産声をあげたばかりのチンギス政権の脆《ぜい》弱《じゃく》さが露呈することになる。

エリート集団の形成

『元朝秘史』における各巻の区切りは、内容に則したものではなく、あくまでも便宜的であった。本章でひきつづき輪番組について語られるのは、それに触れた記述部分が長めであったので、区切りのよいところで線引きしたからにすぎない。ただ、かなりの紙幅をとって記述したということは、それだけ輪番組という組織が、チンギス・カンにとって、あるいは『秘史』執筆にかかわった人と時代にとって、重要であったことを意味しよう。

輪番組のなかでも、ことのほか宿直番の役割が重視されていたようである。チンギスは、

……吉祥《きっしょう》ある宿直番よ
汝らがわしを高御座《たかみくら》に即《つ》けてくれたのだぞ
吹きすさぶ《シルジリン》風雪のなか
震えあがる《シルグトケン》寒さのなか
降り注ぐ《チトクン》雨のなか
編み壁《シルテスティ》のわが宮殿のまわりで
まどろむ《ジリム》ことなく立って
心を《ジルゲ》安らかにしてくれる
至誠《チン》の心ある宿直番よ……

と頭韻を踏んだ綸言《りんげん》（天子の言葉）を発し、みなの前で宿直番を顕彰した。

宿直番の任務は、宮廷警護にとどまらなかった。宮廷の女官や僕婢《ぼくひ》、ラクダ飼いと牛飼いの監督をおこなった。また、宮車《きゅうしゃ》の整備、旗指物、陣太鼓、鐙《あぶみ》などの馬具、矢筒・弓・甲《かっ》冑《ちゅう》・矢・槍といった武具の管理もおこなった。さらに、宮中での食事の差配、宴会の酒甕《さかがめ》の番、巻狩りの御供、宿営地の設営といった任務もあった。なかには、断事官のシギ・クトクとともに、訴訟の裁断に当たる者もいた。

こうしてみると宿直番は、ただの武官にとどまらず、文官の実務もこなすチンギス政権の中枢を支えた官僚であったことがうかがえる。

数々の欠くことのできない役目を帯びていた宿直番は、たとえ有事であっても、前線に赴くことが免除された。これに不満を口にする者もいたが、こうした声に対しチンギスは、つぎのように諭した。

「宿直番をどうして前線に出さないのかと、おまえたちは噂しているな。宿直番は、わが黄金の命を護っているのだぞ。鷹狩りや巻狩りに従うときも、辛苦を分かちあっているのだぞ。宮廷を守り、移動のときも駐営しているときも、いつも見守ってくれているのだぞ。それらはけっして容易なことではない。そうであるがゆえに、前線には出してはならぬ、と定めたのだ」

チンギスの宿直番をはじめとする輪番組の育成にかける思いには、並々ならぬものがあった。彼らにふたごころを抱かせないように、みずからの形見として子々孫々に至るまで、彼らを敬い慈しむよう左右の者たちに命じた。モンゴル帝国期を貫く君主直参のエリート集団は、こうして形づくられていった。

森の民の征服

長く続いた恩賞と除目の話題がようやく終わる。ここからはチンギス即位後の外征の成果と、周辺国の帰順のようすが語られるが、多くの情報が箇条書き的に短く詰め込まれている。チンギスは、さきに軍務の長官に任じたクビライをカルルク部族の征伐へ向かわせた。カルルク部族はアルタイ山脈西北麓からカザフ平原にいたトルコ系遊牧民とされる。カルルク部族を統べていたアルスラン・カンは投降し、チンギスのもとへ参上した。チンギスはアルスランが歯向かわなかったことを称え、恩賞をとらせ、さらに「娘を与えよう」といった。『元史』には、チンギスが娘をアルスランの息子に与えたとある。

つぎに、スベエテイによるメルキト残党の討伐の記事が出てくる。第8章（一四七頁）で触れた「鉄車の勅《みことのり》」の場面と重複する。ここでは、チンギスの命により、スベエテイは鉄車を使ってメルキト部族長トクトア・ベキの子クド、チラウンらを追撃し、彼らをチュイ川（現在のキルギス・カザフスタン両国を流れる）のほとりまで追いつめ、滅ぼして帰ったと記されている。

だが、前出の記述はこれと異なっていた。舞台はチュイ川でなく、イルティシュ川であった。そこでクドらはチンギス隊と戦って大敗を喫し、さらに西方へと遁走し、チンギスの命によりスベエテイが鉄輪の車を仕立てて追撃した、というものであった。

チュイ川が関係するのは、つぎに出てくるナイマン部族のグチュルクの話である。これも第8章（一四四頁）に既出であるが、イルティシュ川の戦いでクドらとともに敗れたグチュルクは、チュイ川のほとりを根拠としていた西遼の皇帝チルグのもとに身を寄せた。グチュルクは、チルグに気に入られて娘婿の座におさまると、その立場を巧く利用して西遼を簒奪してしまった。

本巻にはその顚末が記されている。チンギスの命を受けたジェベが、グチュルクを追撃してサリク崖にて滅ぼした。『集史』はその地をサリ湖と記し、現在のタジキスタンのパミール高原にある一湖水と考えられている。各種史料からこの事件は一二一八年に起こったことが明らかなので、本来ならば後巻で記されるべきであった。

つづいて、ウイグル王国の来貢の記事が出てくる。ウイグル王国は、天山山脈北麓のビシュバリクと、南麓のトルファンを都として東トルキスタン東部に君臨し、東西交易で栄えた仏教国であった。西遼が進出してくると属国となったが、その代官を殺すと、チンギスのもとに遣いを送った。『元史』には一二〇九年のこととある。

『元朝秘史』ではウイグル王をイドウトという称号でよんでいる。ときのイドウトは、バルチュク・アルト・テギンという名であったと『元史』にある。彼が派遣した使者は、チンギスにつぎのような主君の言葉を伝えた。

「雲が晴れ、母なる太陽をみるように、氷が溶け、河の水を得るように、チンギス・カン様の名声を耳にし、大変嬉しく存じました。もしも、あなたさまのおぼしめしによって黄金の帯金具、紅の服の端切れをお分けくださるならば、あなたさまの第五の皇子となって尽力いたします」

これに対してチンギスは返答した。

「娘を与えよう。第五の皇子となれ。金、銀、真珠、大珠《たいしゅ》（とくに大粒の真珠）、金襴緞子《きんらんどんす》の絹織物を携えて来貢せよ」

イドウトは喜び、これらの財宝をもってチンギスにまみえた。チンギスは娘のアル・アルトンを与えた。『元史』はイドウトの来観《らいきん》を一二一一年と伝える。

つぎに記される出来事は「卯年《うどし》」と明記され、一二〇七年のことと理解されている。これまでも出来事の登場順が史実と整合しない『元朝秘史』であるが、ことのほか本巻は前後が入り乱れている（『聖武親征録』や『集史』は、一部の内容を一二一七～一八年に起こったとする。歴史家たちを悩ませてきた、じつにややこしい箇所である）。

その卯年の出来事とは、こうであった。チンギスは長男ジョチに右軍を委ねて、森の民の征服に向かわせた。森の民（ホイイン・イルゲン）とは、シベリア南部に鬱蒼と広がるタイガとよばれる針葉樹林地帯に暮らしていた集団であった。

森の民のひとつであるオイラト部族のクドカ・ベキという族長が、はじめに降伏してきた。かつてコイテンの戦いでジャムカ軍の先鋒を務めた彼らはモンゴル高原の西北縁に暮らしていた。つづいて、バイカル湖方面にいたブリヤトやバルクン、エニセイ川上流域にいたトバスなどの諸部族もやってきた。エニセイ川を下ってキルギス部族に至ると、その長老たちが白い鷹、白い馬、黒いテン皮などを携えてジョチに降《くだ》ってきた。

エニセイ川流域は、鉄、銅、金など鉱物資源が豊富な地域である。それらを用いて紀元前から優れた金属製品を生産してきた。十二世紀ごろのモンゴル高原とその周辺において、製鉄がもっとも盛んにおこなわれていたのが同地域であると、考古資料から明らかになっている。製鉄だけでなく、丈夫な鉄器を作り出す高い鍛造技術も有していた。『元朝秘史』にキルギスの鉄についての記述はないが、チンギスが目をつけなかったはずはない。

ジョチに連れられたキルギス部族の万戸や千戸の長、それに森の民の長たちは、貢物として白い鷹、白い馬、黒いテン皮を持参して、チンギスに臣下の礼をとった。

チンギスはオイラト部族のクドカ・ベキを前にして、

「真っ先に降伏してきて、万から成るオイラト部族を率いてきた」

と称えて、一人の息子にはチンギスの娘を、もう一人の息子にはジョチの娘を妻として与えた。

そしてチンギスはジョチに、

「わが子たちの長兄であるジョチよ。初めての遠征にもかかわらず、かの地で人や馬を傷つけず、苦しめることもなく、幸いある森の民を降してきた。その民どもをおまえに与えよう」

といってねぎらった。

一方、平定が順調に進まない場合もあった。それが四駿の一人ボロクルのコリ・トマト部族への出征であった。こともあろうにボロクルは、敵の斥候の手にかかり、殺されてしまった。あまたの忠臣のなかでも、オゴデイとトルイという二人の息子の命を救ったという特別な功績のあるボロクル横死の報に接し、チンギスは悲しみと怒りに震え、みずから出馬しようとした。だが、ボオルチュとムカリの両人に諫められ、思いとどまった。かわりにドルベン氏族の首長ドルベイに兵を整えさせ、コリ・トマト部族の征伐に向かわせた。

この部族の住地については諸説あるが、バイカル湖西岸一帯と考えられる。考古資料からみて、モンゴル高原周辺地域がモンゴル系文化の影響を受けた十三世紀初頭においても、バイカル湖西岸一帯は前代からのトルコ系文化を残存させた独自色の強い地域であった。

ドルベイの進軍は奥深いタイガに阻まれ、容易ではなかった。ドルベイは兵士一人ずつに斧、鋸《のこぎり》、鑿《のみ》などを携えさせ、牛車がようやく通れる幅の細道を、遮《さえぎ》る木々を切り倒し、鋸でひきながら進んだ。山の上に登ってようすをうかがい、コリ・トマトの民が油断して酒宴をしているところを急襲した。

コリ・トマト部族のもとには、コルチ・ウスンと、オイラト部族長のクドカ・ベキが捕らえられていた。コルチ・ウスンは、コリ・トマトの女が美しいという噂を聞き、チンギスに願い出て三〇人の女を奪いにやってきたが、かえってその民人に捕まってしまった。国を代表する神職「ベキ」を拝命していたコルチ・ウスンは、意外と好色であったらしい。コルチ・ウスンが捕らえられたと知ってチンギスは、森の民のことをよく知っているクドカ・ベキを救助に向かわせたが、彼もまた捕らえられてしまった。

首尾よくコリ・トマトの民を降すと、ボロクルの遺族に対しては一〇〇人のコリ・トマト族が下賜された。コルチ・ウスンは望み通り三〇人の女を娶《めと》り、クドカ・ベキは捕虜となったコリ・トマトの女族長を賜わった。

母親の心労

ここでふたたび恩賞の話題に戻る。きわめて重要なことが未発表であった。それはチンギスの親兄弟に対する恩賞である。もっとも近くにあり、つねに支えとなった家族への恩賞は、欠かすことができなかった。チンギスは家族への感謝の意を、分民というかたちであらわした。

まず、母ホエルンと末弟テムゲ・オトチギンへ一万戸の民が与えられた。当時のモンゴルでは、末子が家産を相続し、老親の面倒をみるというのが一般的であったらしい。一万戸というのは、けっして少ない数ではなかった。しかし、二人合わせての数とみるならば、母親の功績をいささか軽んじているようにも思える。ホエルンは不満で声も出なかったと『元朝秘史』は明記する。

モンゴル帝国期のエリート層の女性は、官職に名を連ねることこそなかったが、政治的な発言力を少なからず有し、ときにはキングメーカーとなることもあった。経済的にはかなり自立し、みずからの領地領民をもち、そこからの収益を殖財に充てて莫大《ばくだい》な資産を築くこともあった。

兄弟では、次弟ジョチ・カサルに四〇〇〇戸、三弟カチウンはすでに身罷《みまか》っていたようで、子のアルチダイに二〇〇〇戸が与えられた。異母弟ベルグテイにも一五〇〇戸が与えられた。

ただし、『集史』の記述はやや異なる。ホエルンには三〇〇〇戸、オトチギンに五〇〇〇戸、カサルに一〇〇〇戸、アルチダイに三〇〇〇戸とある。ベルグテイは『元史』に三〇〇〇戸とある。史料によって戸数が異なるのは、『元朝秘史』が一二〇六年の即位直後の除目段階を、『集史』が一二二七年のチンギス死去段階を伝えているから、との理解が広く容れられているが、なお考究の余地はあろう。

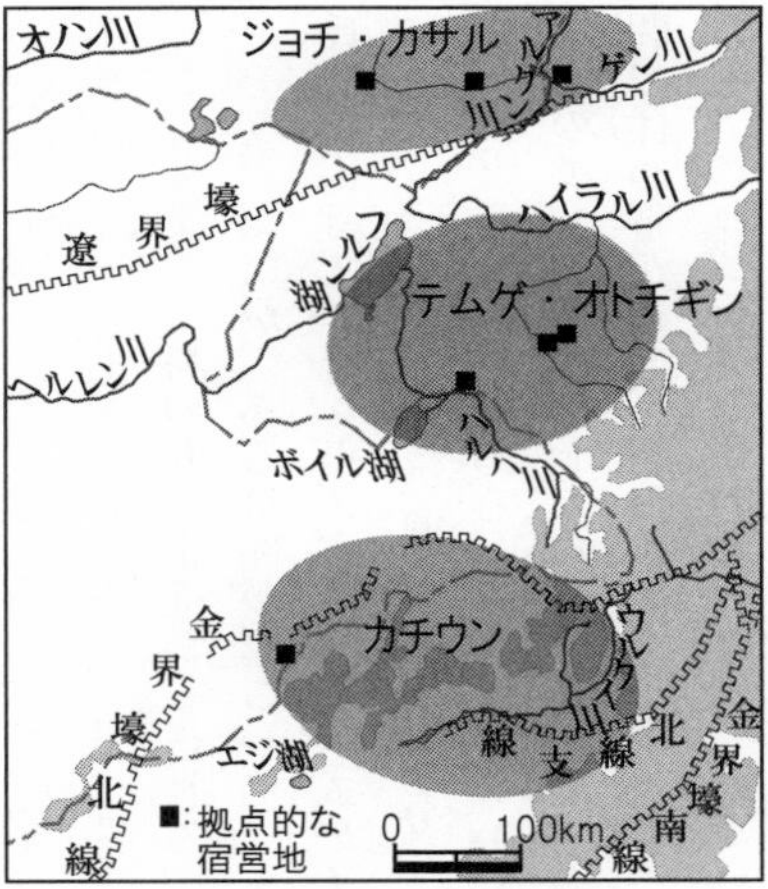

図21　弟たちの分封地

ちなみに『集史』には、三兄弟に分け与えられた領地の位置も記されている。いずれもモンゴル高原東縁の大興安嶺山脈西麓で、カサルはアルグン川上流域、カチウン（アルチダイ）は内モンゴルのウジュムチン地域、オトチギンはフルンボイル地域とみられている。父祖の興隆の地や母の生まれ故郷、あるいは若き日に活躍した、なじみ深い土地が与えられた。

子供たちはというと、長男ジョチには九〇

〇〇戸、チャガタイには八〇〇〇戸、オゴデイには五〇〇〇戸、トルイには五〇〇〇戸の民が与えられたとある。『集史』には、庶子コルゲンを含めて、四〇〇〇戸ずつとあるので、ここでもまた史料の間に相違がみられる。

そうしたなか、ある事件が起こった。モンリクという名を思い出してほしい。コンゴタン氏族の出身で、チンギス家に父イェスゲイの代から仕え、チンギスの成長を支え続けた人物である（三九頁、一〇八頁）。エチゲ（父）という敬称でよばれ、母ホエルンの再縁の相手であったとみる意見もある。それはともかく、チンギス兄弟から一目置かれる存在であった。

そのモンリクには七人の子があった。あるとき彼らとチンギスの次弟ジョチ・カサルとの間で揉《も》め事が起き、彼らがカサルに対して暴力をふるった。

「七人のコンゴタンに打たれた」

とカサルはチンギスに訴えた。ところがチンギスは、別のことで腹をたてていた最中で、カサルに対して冷たい言葉を投げかけてしまった。

「おまえはいままで負けたことなどなかったのに、なぜ負けた」

それを聞いたカサルは失望し、涙を流して立ち去って、三日間も姿をみせなかった。

コンゴタンの七兄弟のなかにココチュという者がいた。彼には霊的な能力が備わっているとされ、周囲からテブ・テンゲリとよばれていた。祈禱師のなかの祈禱師、といった意味であったとみられる。『集史』によると、彼は天へ昇って神と自由に会話することができると喧伝《けんでん》し、民草の畏敬《いけい》を集めていたという。一二〇六年のオノン川の即位式を主宰し、チンギス・カンという尊称を奉ったのは彼であったと、これも『集史』にみえる。

そのテブ・テンゲリがチンギスのもとにやってきて、こういった。

「とこしえの天の神のお告げによれば、『ひとたびはテムジンに天下を治めさせ、いまひとたびはカサルに』とのことです。もしカサルを処分しなければ、この先どうなるかわかりませんぞ」

その夜、チンギスはみずからカサルを捕らえに行った。そのようすをクチュとココチュ（ベスト氏族出身のホエルンの養子）の二人がホエルンに告げた。ホエルンは、夜中にもかかわらず、すぐさま白いラクダに牽かせた黒い車に乗り、夜通し駆けた。日の出るころにカサルのもとにやってくると、チンギスがカサルの袖を縛りあげ、帽子と帯を剝いで詰問している最中であった。

母が来たことにチンギスは驚いた。ホエルンは怒りに震えながら車から降りると、カサルを縛る縄を解き、その帽子と帯を返してやった。そして、怒りを抑え切れずにその場に座り込むと、あぐらをかいた両膝の上に胸を露わにしていった。

「よく見なさい。おまえらが吸った乳房ですよ。自分で胞衣《えな》（胎児を包んでいる膜と胎盤）を裂き、臍《へそ》の緒を断ち切って生まれ出でたこのカサルが、いったい何をしたというのですか。テムジンはこの片方の乳房を飲みつくしてしまいました。カチウンとオトチギンは二人いっしょでもひとつの乳房を飲みつくせなかった。でも、カサルは両方の乳房を飲みつくして、張りをほぐして胸を安らかにしてくれました。

カサルは弓矢に巧みで、叛き出た敵は射合いで倒し、恐れおののく敵は遠矢で降しました。いま敵を根絶やしにし、カサルは無用になったというのですか」

と諭した。チンギスは母の怒りが収まるのを待って、

「おそれ入りました。恥じ入りました」

といって、おずおずとその場から引きさがった。だが、あとになってカサルへの分民を減らし、一四〇〇の民を与えるにとどめた。そのことを知ったホエルンは憂え、老いを早めることになった。

その後のホエルンの消息は定かでない。おそらくこの事件の直後に世を去ったのではないかと思われる。

祈禱師の謀略

チンギス家族の絆に亀裂を生む原因をつくったのは、国を代表する祈禱師のテブ・テンゲリ（ココチュ。コンゴタン氏族）であった。そのころ彼の行動は、自分の霊能と父モンリクに寄せるチンギスの信頼とを笠《かさ》に着て、かなり尊大になっていた。

やがてチンギスのもとにまとめられた九つの異なった言葉を話す民が、テブ・テンゲリの

ところに出入りするようになった。

「九つ」とは、文字通りの数をあらわすものでなく、数多く、あるいは多様なという意味であった。テブ・テンゲリはおそらく霊能を巧みに信じ込ませることで、多くの民衆を引き込み、自分の政治的影響力の拡大を企てていたのではないか。

テブ・テンゲリのもとには、チンギスの馬飼いからも多くの者が集まった。また、チンギスの末弟テムゲ・オトチギンの隷属民もいた。オトチギンはその民を引き戻そうと、使者を遣わした。テブ・テンゲリは、

「おまえだけでなくオトチギンも来るのが筋だろう」

といって使者を鞭打ち、鞍《くら》をかつがせて、徒歩で帰らせた。

馬で来た者を徒歩で帰すというのは、当時のモンゴルの男に与える、このうえない屈辱であった。チンギス家の隷属民であったテブ・テンゲリにとって、オトチギンは主人と変わらぬ存在といえた。たとえ使者であっても、彼がとった行為は主客転倒の誹《そし》りを免れない。

翌朝、オトチギンはテブ・テンゲリのところに行き、使者に対するひどい仕打ちを責めた。しかし、逆に七人のコンゴタン兄弟にとり囲まれて、背を向けたテブ・テンゲリの尻前にひざまずかされたうえ、赴かなかったことは自分の非礼であった、と詫びさせられた。

オトチギンは悔しさに慟哭《どうこく》しながら、翌朝早く、まだ寝所にいるチンギスを訪れ、事の次第を話した。チンギスが口を開くよりも先に、傍らで寝具にくるまったままのボルテが、涙

を流しながらチンギスにいった。

「コンゴタンは何を企んでいるのでしょう。この前はカサルに暴力をふるい、いままたオトチギンを尻前にひざまずかせるとは。若木のように壮健なあなたの弟でさえ、このようなひどい目にあったのです。もし将来、老樹のようなあなたに万一のことがあれば、麻殻《あさがら》のような民を、誰がまとめるのですか。大黒柱のようなあなたに万一のことがあれば、群れる小鳥のような民を、誰が束ねるのですか。子供たちが成長するまで、どうやって国を治めていけばよいのでしょう。コンゴタンの所業をこのまま見過ごしになるおつもりですか」

チンギスはオトチギンにいった。

「テブ・テンゲリは、もうじきこちらにやってくる。おまえの好きなようにやれ」

オトチギンは立ちあがって涙を拭《ぬぐ》うと外に出て、三人の力士を連れてきて待機した。しばらくしてモンリクが、七人の子とともにやってきて、宮殿のなかに入った。テブ・テンゲリが客人の座る上座に着くやいなや、オトチギンがテブ・テンゲリの胸ぐらをつかみ、

「昨日は、よくもおれに恥をかかせてくれたな。御前で力くらべをやろう」

といい、出入り口近くに引きずっていった。テブ・テンゲリもオトチギンの襟《えり》をとり、しばらく組み合っていたところ、テブ・テンゲリの帽子が火処《ひどこ》(炉)に落ちたのを、モンリクが拾い上げ、口づけをして自分の懐中にしまった。この行為の意味はよくわからない。ただ、モンゴル人には帽子をぞんざいに扱うと災禍がくるという迷信がある。清めのまじないであ

ったのかもしれない。

そのようすをみていたチンギスは、

「外に出て力士と力くらべをやれ」

といった。オトチギンはテブ・テンゲリを引きずり出し、戸口に待たせておいた三人の力士に渡した。力士たちはテブ・テンゲリを倒すと、その背骨を折って、止め置かれていた車列の端に捨てた。

オトチギンは、宮殿内に戻ってこういった。

「テブ・テンゲリは、私と堂々と勝負せず、わざと伏せてしまいました。友とするにはふさわしくない人間でした」

これを聞いてモンリクは事の顚末を悟った。涙ながらに、

「大地が土塊《つちくれ》からできているように、大河が小川の集まりのように、私はむかしからチンギス様に仕えているのです」

というと、六人の子が宮殿の出入り口を塞ぎ、なかに入って火処の周囲に腕まくりをして立ちはだかった。身の危険を感じたチンギスが宮殿の外に逃れると、ただちに箭筒士と日直番がチンギスを取り囲んで護った。

テブ・テンゲリの変わり果てた姿をみて、チンギスは灰色をした喪礼用の天幕で亡骸を覆わせると、宮車を仕立てて宿営地をよそへ移した。

テブ・テンゲリの亡骸を覆った天幕は、天窓を閉め、出入り口を人に守らせてあった。しかし、三日目の明け方、その亡骸は天窓を開けて出ていってしまった。それを聞いてチンギスはいった。

「テブ・テンゲリはわが弟たちに危害を加えたり、弟たちについての讒言《ざんげん》をいいふらしたりしたため、天の神に愛されず、命も身も持ち去られたのだ」

チンギスは、テブ・テンゲリの親であるモンリクを責めた。本来ならば死罪にあたるところであったが、先の恩賞の際、モンリクには子々孫々まで恩給を与える旨の勅令を発したところであった。朝令暮改の誹りをおそれ、今回の件は不問に付すことにした。

テブ・テンゲリを失うと、モンリク一族の威勢はすっかり衰えた。

この出来事は、ほかの史料にみえず、真偽を慎重に見極める必要がある。だが、チンギス政権の汚点ともいえる内容を赤裸々に語っていることから、怪奇的な部分は除き、おおむね史実に沿ったものと考えている。『元史』には、一二〇九年生まれの第四代君主モンケの名づけ親は、コンゴタン氏族で「天文現象を知る者」、すなわち卜占《ぼくせん》に通じた人物とある。那珂通世はこれをテブ・テンゲリとみて、この事件をモンケ誕生以降に位置づけた。

ここではテブ・テンゲリをはじめとするコンゴタン氏族の専横のように語られているが、多様な隷属集団が参画する大規模なクーデターが企てられた可能性も考えてよいのではないか。黎明期におけるチンギス政権の脆弱さを伝えるエピソードといえる。

第11章　高き嶺を越えて

——金国と西域への遠征

正式には続集巻一とよばれる巻十一（二四七〜二六四節）では、金朝への侵攻、西夏の服従、ホラズム遠征といった勇壮な戦記に多くの紙幅が割かれている。四狗に数えられる猛将ジェベとスベエテイの活躍、チンギスの軍紀に厳格な姿勢などが語られる。ただ、記述が編年体でなく、前後の入れ替わりや、別の時期の出来事を挿入した部分が少なからずみられる。また、内容も簡略にとどまる。史料としてより も物語ととらえて味わうのがよい。一方で、チンギス・カンの後継という宮廷内の繊細な話題にも立ち入る。そこでは第2章と第3章で触れたボルテ誘拐事件に端を発する、長子ジョチの出生の秘密があぶり出される。

ゴビ砂漠を渡る

未年《ひつじどし》（一二一一年）、チンギス・カンは金朝を攻めた。経緯について触れられていないが、『元朝秘史』ではこの侵攻の記述が唐突に始まる。『元史』には、チンギスに対してわずかばかり友好的な態度をとっていた章宗が崩じ、愚鈍と悪評高かった衛紹王《えいしょうおう》が第七代皇帝に即位したことで、チンギスと金朝との関係がこじれたようすが記されている。ただ、チンギスにとって金朝が父祖の代からの仇敵という伏線は、『秘史』のはじめから綴られていた。侵攻の手筈《てはず》は着々と整えられていたにちがいない。

もちろん金側もモンゴルに対する備えを怠っていなかった。国境線には界壕《かいごう》（金界壕）とよばれる土塁と濠《ほり》が設けられ、守備隊が配置されていた。

若草の芽吹き始める陰暦二月（『元史』）、ヘルレン川にあった大オルド（宮廷）を発したモンゴル軍は、ゴビ砂漠を渡って南進した。チンギスの行く手には三か所もの界壕が立ちはだかっていたが、『集史』には、オングト部族の助けを借りて難無く突破できたとある。

図22　居庸関　北京市西北約50キロメートルにある北方防備の要衝。元代後期に建てられた楼門が残る

モンゴル軍は、撫州《ぶしゅう》（現在の中国河北《かほく》省張北《ちょうほく》県）を取り、草原と農耕地帯を分ける野狐嶺《やこれい》を越えて宣徳州（現在の河北省張家口《ちょうかこう》市宣化《せんか》区。一九頁）を奪い、ジェベとグイグネクを先鋒として兵を進めた。

ジェベは歴戦の勇士として『元朝秘史』に再三その名を留める。一方、グイグネクなる人物は不詳ながら、オゴデイ時代の対金戦争でも活躍した武人らしい。

そのとき金軍は居庸関《きょようかん》を固く守っていた。ジェベは「彼らを誘い出して反撃しよう」といっていったん兵を後退させた。金軍はこれを追尾して大軍で押し寄せてきた。ジェベは宣徳州の手前まで後退し、金軍をじゅうぶんに引き寄せると、いきなり反転した。山間の道で隊列が伸び切っていた金軍は、逃げ場を失い総崩れとなった。すかさずチンギス率いる本隊が金軍を押し返し、居庸関に至るまで枯れ木のように敵兵をなぎ倒しながら進んだ。ジェベは居庸関を奪った。

金の首都中都（現在の北京市）の北方には燕山《えんざん》山脈の峻嶺が連なる。現在その稜線《りょうせん》上には万里の長城を目にすることができる。だが、それは明代《みんだい》の築造なので、当時は存在していなかった。付近には燕《えん》（前三世紀ごろ）や北魏《ほくぎ》（四〜六世紀）の築いた長城もあったが、このときすでに廃れていた。谷間《たにあい》の隘路を塞ぐように設けられた居庸関だけが、中都の北辺の防衛を担っていた。

ついにモンゴル軍は華北平原へと足を踏み入れた。モンゴル軍は中都に迫り、周辺の大小の都市も攻撃して降《くだ》した。

金の丞相完顔福興《ワンヤンふくこう》（またの名を完顔承暉《しょうき》）は皇帝に建議した。

「天命によって帝位の交代のときが来たようです。モンゴルの力はとても強く、われらの勇敢な契丹《きったん》、女真、乣《ジュイン》（辺境防備に配された隷属部族の部隊）といった主力兵を破り、殺し尽くしました。頼みとする居庸関も奪われました。いま、われらがふたたび軍を出しても、また敗れて、城のなかで自滅するだけでしょう。陛下がお許しくださるならば、モンゴル皇帝に降伏を申し入れてはいかがでしょう。交渉に応じてモンゴルが撤退したならば、その後のことは改めて考えることにしましょう。モンゴルの兵馬はここの風土に慣れていないため、病

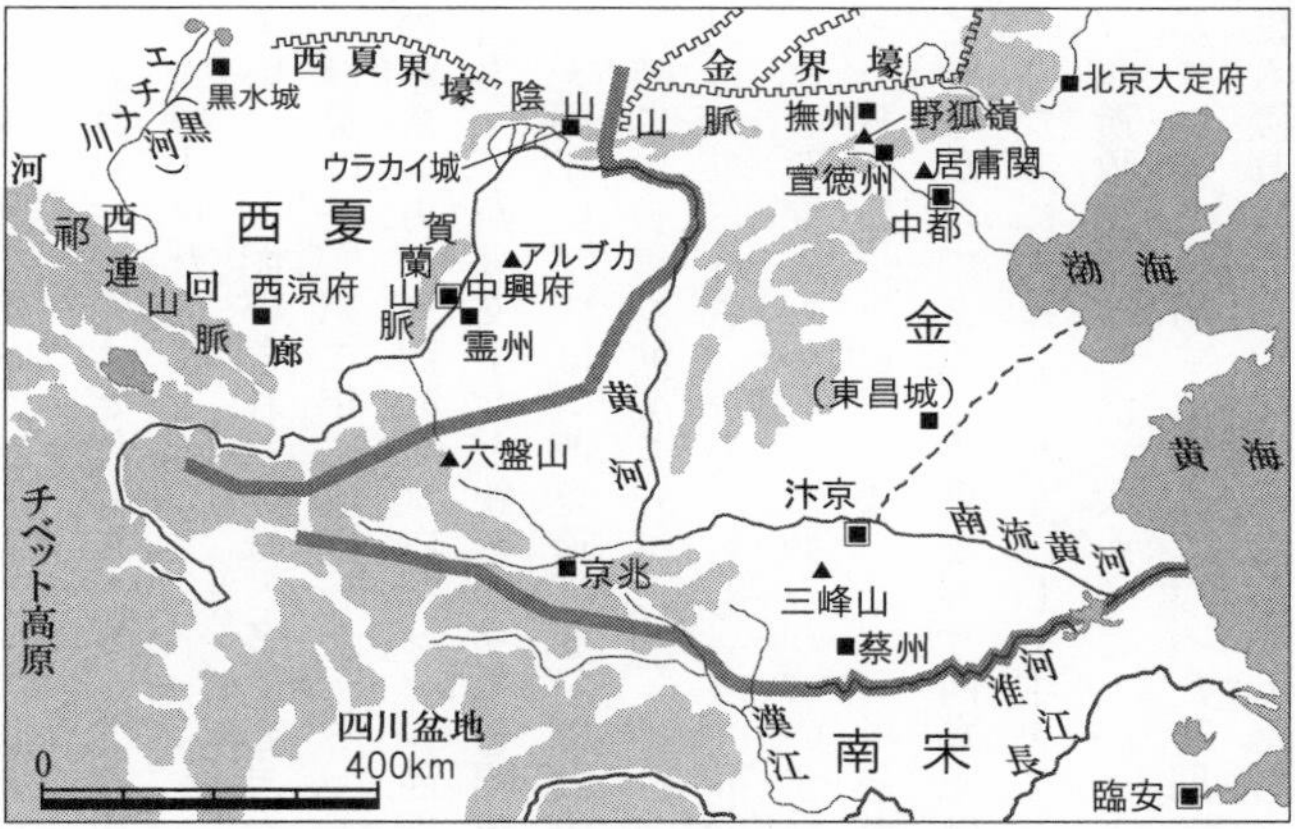

図23　対金・対西夏戦争の関連地図

いに苦しんでいるとのことです。モンゴル皇帝には姫君を与え、兵士には黄金、白銀、金糸織物などの財貨をたくさん与えてやりましょう」

このときまでに金朝宮廷にクーデターがあり、衛紹王は弑逆《しいぎゃく》され、第八代宣宗《せんそう》の治世となっていた。宣宗は丞相福興の建議を受け入れた。チンギスに贈る岐国公主《きこくこうしゅ》（衛紹王の娘。公主は王女のこと）を連れ、兵士に与える運び切れないほどの財貨を中都から持ち出し、福興がみずからチンギスの陣営に赴いた。チンギスは交渉に応じ、各城市の包囲を解いて、一二一四年陰暦三月、撤兵した。

ところで、金国に侵攻する一方、チンギスは西夏にも兵を送っていた。『元朝秘史』では西夏をタングトとよんでいる。

チンギスに対しタングト王ボルカン（第七代襄宗《じょうそう》）は降伏を申し出て、「右手となって働き

ます」と誓い、娘を差し出した。そのうえボルカンは、

「われらは城市に定住しており、急な出陣や素早い行軍にはついていけません。そこでラクダを献上いたしましょう」

といって、飼いきれないほど多くのラクダを連れてきた。

西夏は一〇三二年に成立したチベット系のタングト部族を中核とする国である。黄河《こうが》上流の寧夏《ねいか》地方、河西回廊、内モンゴル西部を領土とした。東西貿易の中継で栄え、仏教を篤く信奉し、西夏文字など独自の文化を開花させたことで知られている。

『元朝秘史』では、西夏遠征を対金戦争中の記事に挿入しているが、金の攻略に注力していた時期に戦線を拡大したとは思えない。『元史』によると、すでに一二〇五年に西夏遠征の記事がみられる。そののちも一二〇七、〇九年と西夏へと遠征している。『秘史』の記載は、それらが混入したものであろう。いずれにしても、西夏を服従させたのは対金戦争以前のことであった。なぜならば、モンゴルと歩調を合わせたかのように、西夏も金朝の西辺を侵していているからである。約束どおり西夏王はチンギスの右手になった。

ちなみに、モンゴルをはじめ中央アジアに生息するラクダはフタコブラクダである。モンゴル遊牧民は、生活に欠かすことのできない五畜（五頁）のひとつにラクダを挙げる。彼らがラクダを活用するようになった時期は、じつは定かでない。ラクダは乾燥に強く、運搬力にも優れているので、西夏からもたらされた数多くのラクダは、後述の中央アジア遠征で大

いに役立ったにちがいない。

なお、近年の考古学調査で、十二世紀後半に、西夏がゴビ砂漠を横断するように、金界壕と同様の土塁と壕から成る防御施設を築いていたとわかった（西夏界壕）。ケレイト部族などの北方諸部族の侵入が、チンギス勃興以前から西夏を悩ませていたらしい。

さて、そののちのこと、チンギスは南宋皇帝（第四代寧宗《ねいそう》）とも和を結ぼうとジュブガンという者を頭とする使者を派遣した。ところが、ジュブガンは途中で金の宣宗の妨げを受けた。チンギスは「降伏をしておきながら、なぜ宋へ遣わしたわが使者を妨げるのか」といって、ふたたび金国に侵攻することにした。

侵攻の理由はそれだけでなかった。宣宗はチンギスに無断で、都を中都から黄河南岸にある汴京《べんけい》（河南省開封《かいほう》）に移していた。このことをチンギスは裏切りととった。

図24　中都の城壁　北京市西南に残る囲壁遺構。現存高は5メートル。往時はもっと高く、堅固であった

一二一四年陰暦六月、主人のいなくなった中都をモンゴル軍が囲んだ。市民を守るべき将兵たちは、みずからの命を惜しんでつぎつぎと逃亡した。

中都では食料が尽き果て、残った者どもは人間の肉を食った、と『元朝秘史』は記す。さらに惨状を伝えるのが、中央アジアのホラズム・シャー国からやってきた使節のバハー・アッディーン・ラーズィーである。至るところに遺体や遺骨の山ができ、その遺体からにじみ出した体液で地面が覆われた市街の姿と、六万人もの乙女が城壁から身を投げたこと、疫病が蔓延《まんえん》してホラズムの使者のなかにも命を落とした者が出たことなど、目を覆い耳を塞ぎたくなる阿鼻地獄《あびじごく》のさまを報告している。

一二一五年陰暦五月、一年弱にも及ぶ包囲戦は終わり、中都は陥落した。

チンギスは、宮中の食膳を掌《つかさど》っていたオングル、日直番の班長であったアルカイ・カサル、法務を掌っていたシギ・クトクという古参の三人の臣下を、中都の金銀財宝を差し押さえるために派遣した。すると、中都の留守居役であったカダという者が、金糸の絹織物を携えて三人を出迎えた。シギ・クトクはカダに、

「中都にあるものは、いままで金帝のものだったが、いまはチンギス・カン様のものである。それを密かに盗み出してきて贈るといわれても、わしは受け取らぬ」

といった。だが、オングルとアルカイ・カサルは受け取った。

三人が戻るとチンギスは、「カダが何かくれなかったか」とたずねた。事の一部始終をシギ・クトクはチンギスに言上《ごんじょう》した。チンギスはオングルとアルカイ・カサルを叱責する一方、シギ・クトクには、正しい道理を心得ている、といって厚く賞賜を与え、「わが見る目、わが聞く耳になってくれ」と言葉をかけた。

チンギスは居庸関を通り撤兵するとき、弟のジョチ・カサルに左翼軍の指揮を任せ、北京《ほくけい》城《じょう》（金の大定府《だいていふ》のこと。現在の内モンゴル自治区赤峰《せきほう》市寧《ねい》城《じょう》県）の攻略を命じた。カサルは北京城を降すと、さらに北上して女真のブカヌを従えた。

ブカヌとは『金史』や『元史』といった漢文史料に、蒲鮮萬奴《ほせんばんど》という名で出てくる人物である。彼は金の衰退に乗じて一二一五年に東夏国《とうかこく》（東真国《とうしんこく》あるいは大真国《だいしんこく》とも）を建てた。その勢力圏は中国遼寧《りょうねい》省からロシア沿海州《えんかいしゅう》に及んだ。カサルの進軍でいっときモンゴルに帰順したが、ふたたび自立して、一二三三年にオゴデイによって滅ぼされる。

カサルの部隊は途上にある諸城を従えながら、松花江《しょうかこう》、嫩江《のんこう》に沿って進み、タウル（トール）川を溯ってモンゴル高原のチンギスの本営に帰還した。

ところで金国はどうなったのか。版図は黄河以南だけとなり、モンゴルの波状攻撃を受けながら細々と命脈をつないだ。その滅亡はオゴデイ治世の一二三四年のことである。

跡継ぎ選び

金国侵攻が成功裏に終わるとチンギスは、ホラズム・シャー国（『元朝秘史』ではサルタウルとよんだ）にウクナの率いる一〇〇人の使者を送った。ウクナの出自は定かでないが、チンギス、あるいは后妃や宿老のもとに属していたイスラム系商人であったとみられる。ところが、こともあろうに彼らはホラズムの手によって殺戮《さつりく》されてしまう。それを知ったチンギスは、いたく憤ってこういった。

「ウクナを頭領とする一〇〇人のわが使者のために復讐するぞ。サルタウルに向けて出陣するぞ」

ホラズム・シャー国とは、アム川下流のホラズム地方から勢力を拡大し、「シャー」（ペルシャ語に由来する王の意味）と称する君主が統治するイスラム国家であった。一二〇〇年に即位したムハンマド・シャーは、サマルカンド（ウズベキスタン国サマルカンド市）などの要地を西遼から奪いながら、東へと領土を伸長させていた。彼には東方世界への興味が高まっていたようである。一二一五年、彼は対金戦争中のチンギスのもとに、莫大な金銀財宝を携えた使者を派遣した。その使者が前出のバハー・アッディーン・ラーズィーである。派遣の動機は、交易の活性化とも、モンゴルを内偵するためともいわれるが、おそらくその両方であった。

その答礼としてチンギスは、ウクナら一〇〇人をムハンマドのもとへ遣わしていた。なお、『集史』には、モンゴルの使いの人数を四五〇とし、代表者にはウクナとは異なる人物の名を挙げている。

『集史』の記すところでは、このチンギスの命による大々的な使節団がホラズムに入ってまもなくのこと、シル川のほとりにあるオトラル（カザフスタン国シムケント市の西北近郊）という都市で悲劇は起こった。オトラル知事のイナルチュク・カイル・カンの手によって、ラクダ使いの一人を除き、使節団員はことごとく殺戮された。国際法が整備されていない当時でも、外国使節への加害は、あってはならない非道な行為であった。

こうしたオトラル事件の経緯をなぜか『元朝秘史』は伝えていない。『秘史』の作者の関心は、つぎに記す世継ぎ問題に向けられていた。

ホラズム遠征を議する席上、イェスイ妃が口を開いた。彼女はタタル部族の出身で、後世の史料ではチンギスの第三オルド（後宮）を束ねていたとされる（一〇一頁）。

「この世には、永遠の命などありません。大樹のような陛下が亡くなられたら、麻の穂のような民を誰に委ねたらよろしいのでしょうか。大黒柱のような陛下が倒れるときがきたら、スズメのような民を誰に任せたらよろしいのでしょうか。四人の優れた皇子のうち、どなたを世継ぎにいたしましょうか。お考えをお聞かせください」

それに対してチンギスはいった。

「イェスイのいうことはもっともだ。弟や子供たち、ボオルチュやムカリといった腹心の家来でさえ、こうはいわなかった。わしとしても後継者のことをすっかり忘れておった。長男のジョチよ、おまえの考えを聞かせてくれ」

ジョチが口を開く前に次男のチャガタイがいった。

「まずジョチに意見を求められましたが、ジョチに国を委ねるおつもりなのですか。このメルキト部族の血を引く者に、国を任せることなどできません」

ジョチは立ち上がって、チャガタイの襟を摑んでいった。

「父上が分け隔てなく接してくださるのに、なぜおまえはおれを差別するのか。どれほどおまえは優れているというのか。ただ気が強いだけだ。遠矢でおまえに負けたら、この親指を切って捨ててやる。相撲で負けたら、倒れたところから起き上がるまい。父上、お心をお聞かせください」

組み合ったままのジョチの手をボオルチュが、チャガタイの手をムカリが取って両人を引き離した。

この争いの根底には、第2章（五三頁）で記したボルテ誘拐事件があった。チンギス（テムジン）に嫁いだばかりのボルテがメルキト部族に連れ去られ、しばらくその族人の妻として生活し、救出されたときにはジョチを身ごもっていた。君主の家族にかんするデリケートな問題は、公然の秘密であった。しかしながら、その父親を詮索する好奇の目と、口さがない噂は、周囲に満ち溢れていたにちがいない。

チンギスはチャガタイの言をたしなめた。これに対してチャガタイは薄笑みを浮かべながらいった。

「ジョチの力量は認めますが、口では何とでもいえます。長子はジョチと私です。二人で父上のお力になり、逃げる者がいればその身体を断り、遅れる者がいればその脚を断ちましょう。オゴデイは穏やかな人柄です。彼を世継ぎにされたらいかがでしょう。父上のもとで君主の心構えを学ばせたらよろしいかと」

ジョチもオゴデイを推した。それを聞きチンギスは、

「ジョチとチャガタイはその言葉を守れ。民から笑われるようなことはするなよ。オゴデイも何かいえ」

と、オゴデイ本人の気持ちを確かめた。オゴデイは答えた。

「父上の仰せとあらば申しあげましょう。これから先、もしもわが子孫に、牛の好む青草に包んでも牛が口をつけず、犬の好きな脂肉に包んでも犬が見向きもしないような、無能な者が生まれないことを願うばかりです」

最後にチンギスは末子トルイに意見を求めた。

「私は父上がお決めになった兄の傍らで、忘れたことを思い出させ、眠りから目覚めさせ、命令があれば忠実に応え、落伍することなく、長い戦でも激しく戦います」

といった。チンギスの心は決まった。

「たとえ、オゴデイの子孫に青草に包んでも牛に食われず、脂肉に包んでも犬に食われぬような無能な者が生まれたとしても、わが子孫のうちには、一人ぐらいはまともな者が生まれるだろう」

こうしてオゴデイが世継ぎと定まった。だが、正式な決定ではなかった。モンゴルの慣習では、「イェケ・クリルタ」（クリルタイ）という長老や有力者が集う場での承認を必要とし

た。それはチンギスの死後に開かれる。

天山のかなたへ

卯年《うどし》（一二一九年）、チンギスは、末弟テムゲ・オトチギンに留守営を委ね、数々の后妃のうちから、漢文史料によれば第二オルドを束ねたというメルキト部族出身のクラン（一三九頁）をともない、ホラズムに向けて出発した。

『元朝秘史』はこのときの経路を細かく伝えていない。往路は「アライ峠を越えて出馬した」とのみある。アライ峠は第8章（一四三頁）にも登場し、モンゴル高原からジュンガル盆地に至る途中のアルタイ山脈中にあった。

なお、この遠征には、地獄のような中都包囲戦を生きぬき、チンギスのもとにやってきた耶律楚材《やりつそざい》（遼の王族の出身で、オゴデイの側近となる）が同行していた。彼の残した紀行文『西遊録《せいゆうろく》』には、アルタイ山脈の高き嶺《みね》を越えて旅立ったようすが記されている。

『聖武親征録』と『集史』の伝えるチンギス隊の経路には、イルティシュという地名がみえる。これはアルタイ山脈に発してジュンガル盆地北部を西流するイルティシュ川にまちがいない。そののちチンギス隊は、バルハシ湖東方にある東西交易の要衝であったカヤリク（カザフスタン国タルディコルガン市の東北近郊）に至り、そこで態勢を整えてからオトラルに迫ったと『集史』にある。

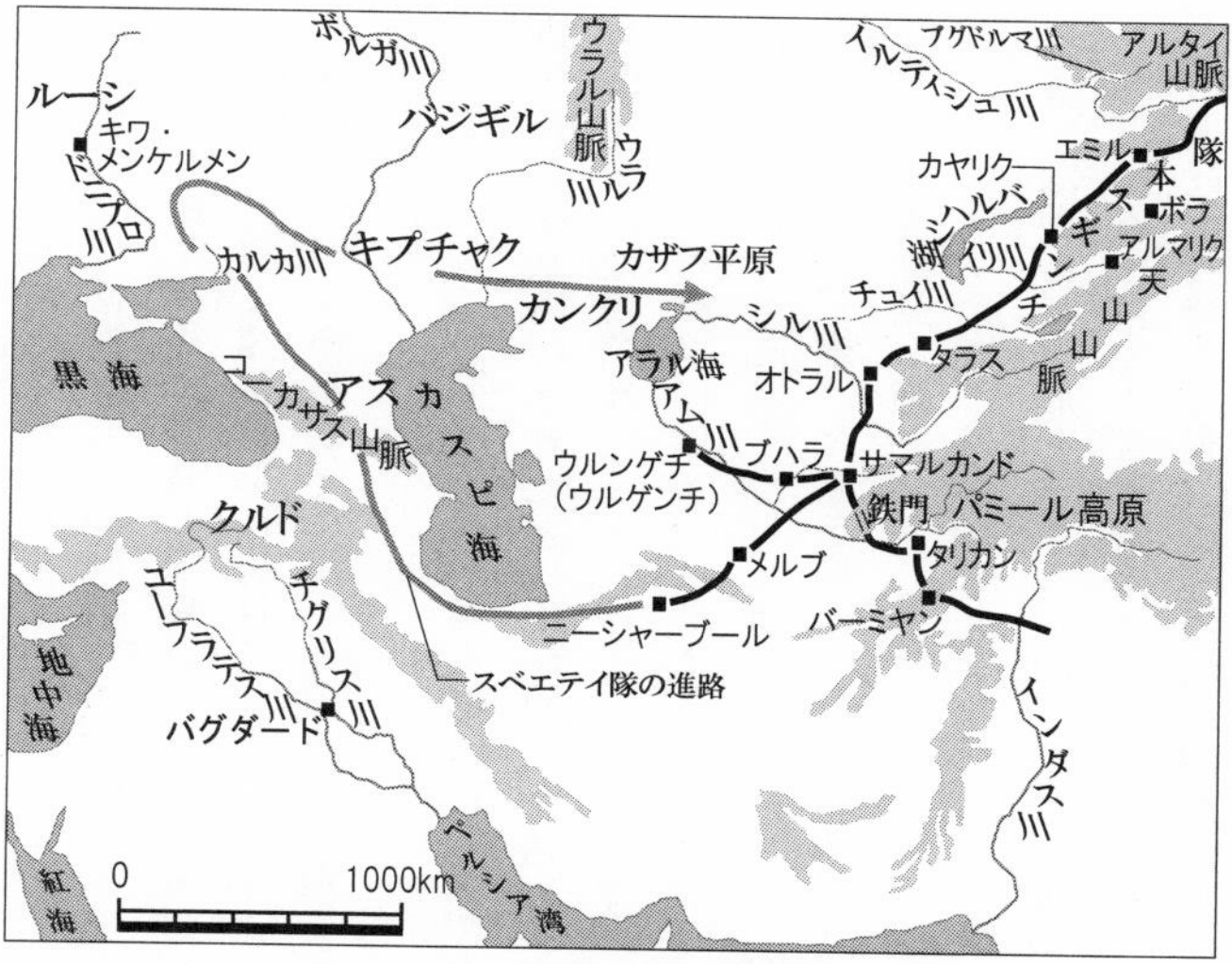

図25　対ホラズム戦争の関連地図

ところがチンギスに帯同したはずの耶律楚材は、アルタイ山脈を越えたのち、シルクロードの天山北路に入り、ウイグル王国の都ビシュバリク（中国新疆《しんきょう》ウイグル自治区ジムサル県）、ボラ（同自治区ボラ市）、アルマリク（同自治区ゴルゴス市）、タラス（カザフスタン共和国タラズ市）を経てオトラルに至ったと記す。それと符丁を合わせるかのように、『元史』をみると、天山北路の諸都市をたどったかのようなチンギスの足跡がいくつも収録されている。

はたしてチンギスは、どの道をたどったのか。自然環境からみて、ジュンガル盆地を経由する『集史』のルートを進んだ可能性が高い。そこは草や水が豊富で、軍馬と食料用の家畜を多数連れたモンゴル軍には適していたからである。一方の天山北路は、乾燥していて飼葉の点で好ましくない。ただ、交易で栄える都市をたどるので、物資の補給や調達には適していた。部隊を分けて進むのが当時のモンゴル軍では一般的であった。おそらく遠征軍には少なくとも二隊があり、チンギス本隊が北回り、別動隊が南回りで進軍したのであろう。ただ、天山北路に残るチンギス伝承の出所はわからない。解明は後考に委ねたい。

さて、一二二〇年秋、モンゴル軍はオトラルを包囲した。それから五か月にわたる激しい攻防戦が繰り広げられたと『集史』にある。一方、『元朝秘史』は、ここオトラルで起こった事件が西征の発端であったにもかかわらず、なぜかその戦いについて触れていない。『集史』など西方史料の伝えるところでは、殺戮の首謀者のイナルチュク・カイル・カンは、刀折れ矢尽きても瓦礫を投げて戦ったが、ついに捕らえられてサマルカンドで処刑されたという。そのとき、溶けた銀を目に流し込む残忍な方法がとられたとも伝わるが、確証はなく、疑問視する意見が強い。

オトラルの遺跡は、シル川東岸の肥沃《ひよく》な平野のなかにある。市街地は城壁で囲まれ、そのプランは歪んだ方形を呈する。囲壁部分の規模は南北五二〇×東西五三〇メートルもあり、シル川流域屈指の大都市であった。モンゴル軍との戦闘で街はことごとく破壊されたと伝わるが、近年の発掘調査では、当時の地層から著しい火災や破壊の痕跡《こんせき》を見出せなかったという。じっさいに遺跡を訪れてみると、意外にも整然と残る当時の街並みの遺構を実見することができる。

ペルシア語史料は、モンゴル西征軍による破壊と略奪で数十万単位、ときには一〇〇万以上の住民が虐殺されたと伝える。しかしながら、考古学的所見などを踏まえ、批判の目で読み込む必要があろう。被害者側が惨状を誇張した例が歴史上往々にしてあることを、私たちは知っている。

問題点はモンゴル側の史料にもある。顕著なのは、出来事の内容が断片的なうえに、前後の入れ替わりが頻繁にみられることである。おそらくモンゴル軍は史官といった公式記録を掌る役人を帯同していなかった。そもそも正確な記録を残すということにモンゴル支配者層の目が向いていなかった、というのが真相かもしれない。『元史』や『聖武親征録』の不正確さもさることながら、ことのほか『元朝秘史』から西征の詳細を知ることは難しい。

しかしその反面、チンギスの喜びや怒りが随所に記さ

図26　オトラル遺跡　モンゴル襲来ごろの遺構が保存整備されている

れているのが『元朝秘史』の持ち味といえる。これは史官の冷静な筆致には望めないことかもしれない。そのようなチンギスの人間性を垣間見せるエピソードを『秘史』から二つ紹介したい。

ひとつめは、命じた作戦に違《たが》う行動をとった部下に対して。

チンギスはジェベを先鋒にし、その後詰《ごづめ》（後方支援）をスベエテイに、さらにその後詰をトクチャルに任せた。その三隊をホラズム軍の背面にまわり込ませ、チンギス本隊と挟み撃ちにする作戦を立てた。それを敵に悟られないように、途中の城市には手出しするなと命じた。

ジェベとスベエテイは歴戦の勇士として、これまで『元朝秘史』に何度も登場しているが、トクチャルは初出である。衛士の頭と『集史』にある以外、素性はよくわからない。今回の任命は大抜擢《だいばってき》であったといえる。にもかかわらず、彼は大失態を犯した。ジェベとスベエテイは、命令どおり脇目もふらず諸城市をすり抜けたが、トクチャルは辺境の一城市を襲い、農作物を略奪してしまった。

この地方を治めていたカン・メリク（チムール・メリクとも）は、これによりモンゴル軍の動きを察知し、ジャラルディン（ジャラール・アッディーンとも）に知らせ、その部隊に合流した。ジャラルディンは、ムハンマド・シャーの息子で、武勇に優れた人物であったとされる。ジャラルディンとカン・メリクはチンギス本隊を迎撃し、シギ・クトク率いる先鋒隊を破った勢いでチンギスへと向かってきた。そこにジェベ、スベエテイ、トクチャルの三人が駆けつけたことで、なんとかジャラルディンらを駆逐できた。

　難を逃れたチンギスは、ジェベ、スベエテイを称えたが、トクチャルの背命には激怒して、彼を斬刑に処すると息巻いた。だが、ひとしきり彼を叱責すると、腹の虫が収まったのか、斬刑はとりやめになり、部隊を統べる地位から解任するにとどまった。どうやらチンギスという人物は、熱しやすく冷めやすい性格であったとみえる。

　二つめのエピソードは、ウルンゲチ（ウルゲンチ）攻防戦のときのこと。

　ウルンゲチ（現在のウズベキスタン国ウルゲンチ）はアム川下流にあり、古くから交易の要衝として栄えた城郭都市であった。サマルカンドに遷都する以前は、首都としてホラズムの勃興の基盤となった。この街に対するモンゴル軍の攻撃は苛烈《かれつ》をきわめ、アム川の河道を変える大規模な水攻めをしたことで知られている。

『元朝秘史』によると、チンギスは、ジョチ、チャガタイ、オゴデイの三皇子たちに対して、ウルンゲチ攻略を命じた。三皇子は父の期待に応え、その城市を降すことに成功した。ところが、彼らは城中の住民を戦利品として勝手に分配してしまい、チンギスには分け前を出さなかった。チンギスの裁可を仰がない戦利品の分配は、以前より軍律で堅く禁じられてきた。

　チンギスはこれを咎めて、凱旋してきた皇子たちと三日のあいだ会おうとしなかった。そのようすを見兼ねてボオルチュ、ムカリ、シギ・クトクといった宿老は上奏した。

「天神地祇《てんじんちぎ》のご加護によって、ホラズムの民を降したいま、なぜ陛下はそのようにお怒りなのですか。皇子たちは過ちを悟って恐縮しております。これからしっかり学ばせるということで、お許しになってはいかがでしょうか」

その言葉を容れ、チンギスは皇子たちを呼び出した。それでも怒りは収まっておらず、古老の言葉を引き、言い伝えを話してきかせ、皇子たちが立っていられない、額の汗を拭いきれないほど叱《しか》り諭した。

その場に居合わせたコンガイ、コンタカル、チョルマカンという三人の箭筒士《せんとうし》も、その人目に余るようすに、

「鷹狩りの鷹は、獲物を捕らえられるよう、幼鳥のころから飼い慣らします。それと同じように、いま皇子たちは戦いを学んでいるのです。それなのに何度も厳しくお叱りになっては、心がくじけてしまいます」

と助け船を出した。チンギスはこの言葉に悟り、怒りもとけた。

戦利品の着服にチンギスはこれまで厳しい態度で臨んできた。わが子だからといって不問に付すことはできなかったのであろう。こうしたチンギスの貫徹された公平な姿勢が、臣下から揺るぎない忠誠心を寄せられた背景にあったのかもしれない。

さて、この時点までに戦いの趨勢《すうせい》はおおかた決していた。『元朝秘史』にはみえないが、ホラズム・シャーのムハンマドは、サマルカンドを放棄したのち各地を点々とし、カスピ海

の南端にある小島に逃れ、そこで病により生涯を閉じた。一二二〇年の冬のことであった。跡を継いだジャラルディンはアフガニスタンで抗戦したが、チンギスが鉄門《てつもん》を越えて迫るとインド方面に逃亡した。旗頭《はたがしら》を失い、ホラズム領内の抵抗は急速に鎮静化していった。

チンギスは、スベエテイに別動隊を率いさせ、ムハンマド追討を命じていた。『元朝秘史』には従えた民族名が羅列されているだけだが、西方史料によると、スベエテイはムハンマド死後もカスピ海沿岸を進み、コーカサス（カフカス）山脈を越えてボルガ川の流れる南ロシア平原に到達したとわかる。

図27　鉄門　チンギス軍は、アフガニスタン方面に進軍した際、この隘路を抜けたと伝わる。ウズベキスタン南部のバイソン市付近

一二二三年、モンゴル軍とルーシ（ドニプロ川周辺にいたスラブ系部族）軍とが、アゾフ海北岸のカルカ川で繰り広げた大会戦は、西方史料において著名である。しかし、そこでのスベエテイの勝利はおろか、戦いがあったこと自体も『元朝秘史』には触れられていない。ただ、キワ・メンケルメンという地名が、スベエテイの攻略した都市として『秘史』にみえる。これは現在のウクライナの首都キーウ（キエフ）とされる。ただ、キーウでの戦いはオゴデイ治世下の一二四〇年のことなので、ここ

にも『秘史』の作者の誤謬《ごびゅう》がみられる。

なお、これも『元朝秘史』には触れられていないが、四狗の一人ジェベもこの隊を率いていた。彼はカスピ海北岸からアラル海方面を転戦し、帰還の途上に生涯を閉じたと伝わる。

さて、ホラズムの平定が終わるとチンギスは、陥落した各都市にダルガチ（代官）という行政長官を置くようにとの勅令を出した。

ダルガチは、チンギスの名代として統治の全権を掌ったが、じっさいには行政のかなりの部分は現地人が取り仕切った。各民族の慣習、伝統、宗教は、モンゴルの利益を損なわない限り、そのまま継承することが認められた。

こうして足掛け七年にも及ぶ長征は完遂した。それだけの戦いであれば、とうぜん少なからず犠牲は出る。『元朝秘史』にはみえないが、ペルシア語史料はホラズムの甚大な戦災だけでなく、モンゴル側の被害も伝える。カザフ平原に派遣されていたチンギスの長男ジョチは、その地で病を得て陣中で身罷《みまか》った。また、次男チャガタイの継嗣モエトゥケンはバーミアン城（現在のアフガニスタン国バーミアン）攻略の際、矢傷がもとで絶命した。愛孫を殺されたチンギスは激昂し、生きとし生けるものすべてを、この城から葬り去ったという。

なお、インドに逃れたジャラルディンは、ホラズム・シャー国の復興を目指してモンゴルに抵抗を続けたが、一二三一年、クルドの地で名もなき農夫に殺害されたと伝わる。

サマルカンドを発したモンゴル軍は、別動隊の帰還を待ちながら少しずつ北上した。『元朝秘史』は、イルティシュ川を経由し、酉年《とりどし》（一二二五年）の秋、トーラ川のカラトンに設けられていた幕営に帰り着いたと記す。しかし、『元史』と『聖武親征録』は、モンゴル本土への帰還を同年春としている。

第12章　いかんぞ退かん、死すとも

――チンギス・カンの最期

巻十二ともよばれる続集第二（二六五～二八二節）では、チンギス・カンの死から、その跡を継いだオゴデイの治世までが語られる。チンギスは西夏征服を成し遂げるが、その最中、落馬が原因で天に旅立つ。チンギスの遺志に基づき、三男オゴデイが登極すると、父帝がやり残した金国と西方世界の征服に乗り出した。オゴデイはみずから金国に遠征するが、陣中で病が重篤になり、祈禱師の神託に従って弟トルイが身代わりとなって怪死するという事件が起こる。つづく東欧遠征中にみられた甥《おい》のバトゥ（ジョチの嫡子）と息子のグユクの仲違《なかたが》いは、のちにこの国を揺るがす事件の火種となる。巻の終盤では、オゴデイ自身の言葉で、金国征服、羊頭税の導入、駅伝制の整備などの功績を自賛する一方で、過度な飲酒癖と、気性が激しく強欲な面もあったなどと、反省の弁が述べられている。

巨星墜つ

冬籠もりしたあと、チンギス・カンはふたたびタングト（西夏）を攻めようと、兵士の数を整えて、戌年《いぬどし》（一二二六年）の秋、后妃のうちからタタル部族出身で第三オルド（後宮）を束ねたイェスイをともなって出征した。

ある冬の日、進軍の合間にアルブカという地（オルドス地区の西部）で野馬の巻狩りをしていたとき、チンギスの乗っていた灰褐色の馬が、横切った野馬に驚き、こともあろうにチンギスを振り落としてしまった。ひどい傷を受けたチンギスは寝所で高熱を発した。

　そこで侍従のトルンは、

「西夏の民は、城を築き、土地を所有しているので、容易に動くことはできません。陛下のご快癒を待ってから、出撃しても遅くはありません」

と皇子たち、宿老たちに諮った。みながそれに賛成したので、チンギスに奏した。

　それに対してチンギスは、

「タングトの民は、われらが恐れて逃げたというだろう。まずは使者をやり、その結果を聞いたうえで判断しよう。引き揚げるのはそれからでも遅くない」

といった。使者はチンギスの言葉をタングト王のボルカンに伝えた。

「以前、おまえは、タングトの民は右手となって働くといったな。だが、ホラズムとの交渉が決裂した際、出陣せよと命じたにもかかわらず、おまえは兵を出さず、しかも、われらを罵ったというではないか」

『元朝秘史』では、西夏の君主の名をすべてボルカンとしている。このボルカンは第十代君主李晛《りけん》（位一二二六～二七年）のことで、右手となろうと約束をしたのは第七代襄宗《じょうそう》李安全《あんぜん》（位一二〇六～一一年。一九九頁）、西征の加勢を拒絶したときの君主は第八代神宗《しんそう》李遵頊《じゅんぎょく》（位一二一一～二三年）であった。

ただし、チンギスとの約束に背いた当事者は、神宗ではなく、アシャ・ガンブという歴代の西夏君主に仕えてきた重臣であった。

「罵ったのはわしだ。戦いたいなら、わしの賀蘭《がらん》山脈の牧地に来い。ラシャ織りの天幕があるし、ラクダもたくさんいるぞ。それらをわしのところまで奪いに来い。もしおまえたちが金銀、織物、財宝がほしいのなら、中興府《ちゅうこうふ》（現在の寧夏回族《ねいかかいぞく》自治区銀川《ぎんせん》市）や西涼府《せいりょうふ》（甘粛省武威《ぶい》市）を目指してやってこい」

と挑発した。

この返事を聞いてチンギスは、熱があるにもかかわらず、

「いかんぞ退かん、死すとも。とこしえの天よ、護り給え」

といって賀蘭山脈に至ると、アシャ・ガンブと戦ってこれを打ち破った。捕虜や戦利品は、兵士たちの取るに任せた。

そののちチンギスは、雪を頂く山で夏を過ごした。そこからウラカイ城を降《くだ》し、さらにドルメゲイ城も破った。

雪を頂いた山とは、どこかわからない。西夏領内を見渡せば、まず祁連《きれん》山脈が思い浮かぶ。夏でも消えることのない万年雪を被っている。ウラカイ城の候補としては、陰山山脈の麓にある新忽熱城《しんこるじょう》（内モンゴル自治区ウラド中旗《ちゅうき》）という城郭遺跡が有力視されている。また、ドルメゲイ城は霊州《れいしゅう》ともよばれ、現在の寧夏回族自治区霊武《れいぶ》市あたりであるとわかってい

る。

ただ、それだとお互いの距離が離れ過ぎている。そこで、この場面は、進軍経路を正確に記したのではなく、五回あったとされる対西夏戦争のなかから、著者の思いついた出来事をまとめたものとみる。こうした記述は、これまでも『元朝秘史』に少なからずみられた。

さて、劣勢が明らかなボルカン王は、チンギスに謁見を願い出た。ボルカン王は黄金の仏像をはじめ、金と銀の器物をそれぞれ九個、男児と女児をそれぞれ九人、乗り馬とラクダをそれぞれ九頭と、九の数に合わせて持参してきた。チンギスは容体が悪いのを悟られないように、扉を閉めた暗い部屋で彼に会った。

その三日後、チンギスは、ボルカン王に「正直者《シドルク》」という皮肉な名前を与え、侍従のトルンに命じて、彼を葬り去った。タングトの滅亡を見届けると、亥年《いどし》（一二二七年）に天に昇った。臨終のとき、イェスイ妃にタングトの民を多く与えるようにと遺言した。

『元朝秘史』を含め、各種史料が書き残すチンギスの死の場面は、総じて簡潔である。くわえて、史料ごとに内容に食いちがいがみられる。そのことが後世の歴史家を悩ませている。

たとえば、『元史』察罕《チャガン》伝には、西夏遠征中の六盤山《りくばんざん》（現在の寧夏回族自治区の南部）の宿営地で崩じたとあるが、同じ『元史』でも太祖紀《たいそ》は、「薩里川哈老徒《さつりせんはろうと》の行宮《あんぐう》」で、現行暦の八月二十五日に崩じたとある。薩里川哈老徒は、チンギスが夏の宿営地としていたヘルレン川上流域のサアリ・ケエルのことだとされる。また、ペルシア文史料の『集史』には、現行暦でいうと八月二十八日（村上正二説）に、六盤山と思しき地で最期を迎えたとある。

没年齢についても『元朝秘史』は伝えていない。ほかの史料を参照しても、『元史』には六十六歳、『集史』では七十二歳と記され、正しいことはわからない。

埋葬の地も不詳である。『元史』には「起輦谷《きれんこく》」という場所に葬られたとある。「起輦谷」とは〝天の谷〟といった意味で、ヘルレン川上流部にあると想定される。ところが『集史』には、ボルカン・カルドゥンという山名が墓所として記されている。これは〝神の宿る山〟といった意味で、チンギスが朝な夕なに祀った山であった（五四頁）。そこはヘルレン川源流にあるヘンティー・ハーン山と考えられている。チンギスの墓所の在処は、十九世紀末以来、世界各国の考古探検家を惹きつけてきたが、いまだみつかっていない。

侵略戦争

子年《ねどし》（一二二八年）、チャガタイ、ジョチの嫡子バトゥを頭《かしら》とする右手（西側）の諸皇子、テムゲ・オトチギン、ジョチ・カサルの遺児であるイェグとイェスンゲを頭とする左手（東側）の諸皇子、トルイを頭とする中央の諸皇子、皇女、駙馬《ふば》（皇女の婿君）、万戸、千戸の長たる貴族たち一同が、ヘルレン川のコデエ・アラルに集まり、チンギス・カンの遺勅に従い、オゴデイを君主にいただいた。チャガタイとトルイは、父帝の黄金の生命を守っていた一〇〇〇の宿直番（ケブテウル）、一〇〇〇の箭筒士《せんとうし》（コルチ）、八〇〇〇の日直番（トルカウト）

から成る総勢一万の輪番組（ケシクテン）をオゴデイに渡した。あわせて、チンギスに隷属していた民も渡した。

これはオゴデイ即位の場面である。チンギスの後継は、すでにオゴデイと決していた。しかし、『集史』によると、王侯将相が一堂に会した三日にわたる大宴会ののち、オゴデイは即位を固辞し、代わりにトルイを推挙するが、チンギスの遺言に従うべきだという周囲の声に押されて渋々受諾するという、見え透いた政治ショーが演じられた。

漢文およびペルシア文史料は、即位の年を丑年《うしどし》の一二二九年と伝える。子年（一二二八年）と記すのは、『元朝秘史』と、それに依拠して綴られたモンゴル文の年代記のみである。『秘史』の作者の役割のひとつが、チンギスの偉業を後世に伝えることにあったのなら、この最重要の場面で誤謬を犯したとは思えない。だが、それを証明する手立てはない。こんにちの歴史学では、一二二九年の即位が定説となっている。

オゴデイは、父帝が領していた民と、総勢一万の輪番組を受け取ると、今後の国の運営について兄チャガタイに相談した。そして、まず手始めに、チンギスが成し得なかったバグダードの攻略を、すでに派兵されていた箭筒士のチョルマカンの後詰として、オコトルとモンゲトの二名を派遣することで、さらに推し進めると決めた。

また、さきにスベエテイがロシア平原から東欧を転戦したとき、激しい抵抗にあったことから、気鋭のバトゥ、ブリ、グユク、モンケといった皇子たちを出征させた。この遠征軍の総帥には、ジョチの嫡子でロシア平原に拠点を移していたバトゥが任命された。また、モンゴル本土から出征する部隊の長には、オゴデイの嫡子で、のちに第三代君主となるグユクが任命された。

ちなみに、ブリはチャガタイの嫡孫で、西征中に戦死したモエトゥケンの遺児、モンケはトルイの嫡子で第四代君主となる。

西征軍の指揮官を定めたうえでオゴデイは、つぎのように命じた。

「この遠征で指揮にあたる皇子は、それぞれの長子を出征させよ。また、それ以外の皇子、万戸、千戸、百戸、十戸の長も、それぞれの長子を出征させよ。皇女、その駙馬もこの定めに従って、自分の子のなかから長兄を出征させよ」

それに付け加えて、こうもいった。

「これは兄チャガタイの考えによる。兄は『スベエテイの後詰に、わが嫡孫のブリを出征させましょう。長子が出征すれば、兵たちが多く集まります。兵が多くなれば、士気が高まります。かなたの国々には多くの敵がいます。その兵は強く凶暴で、武器は鋭利だと聞いております』といってきたのだ。兄の熱意ある申し出に従い、バトゥ、ブリ、グユク、モンケを頭とする諸皇子を出征させることにしたのだ」

また、オゴデイは、チャガタイにつぎのようにいった。

「父帝のお決めに従って位に就きましたが、『いかなる才能があって皇帝になったのか』と下々の者は思うかもしれません。そこで、兄君が同意してくださるのならば、父帝が達成できなかった金国征服に決着をつけようと思うのですが、いかがでしょうか」

チャガタイは、

「何の差し障りもありません。〝アウラク〟をよい者に任せて出征されるのがよいでしょう。私もここから兵を出しましょう」

と返事をした。そこで〝イェケ・オルド〟は箭筒士のオルダカルに委ねられた。

アウラクとは、軍団の後方に控える輜重《しちょうたい》隊や後方支援基地の機能をもった組織のことである。アウラクの構成員はおもに将兵の家族で、家畜群をともなっていた。漢文史料では「奥魯《おうろ》」と記される。ここではオゴデイの留守営のことで、大宮廷の意の「イェケ・オルド」とも書き換えられている。君主の場合、その宮廷自体が後方支援基地でもあった。

遊牧や行軍の移動のなかでは、アウラクは留まることなく頻繁に位置を変えるが、定期的に留守営が置かれた場所には、アウラクという地名が残った。好例がヘルレン川コデエ・アラルの北の丘陵にあるアウラガである。アウラクが転訛してアウラガとなった。そこは、チンギスが冬季の宿営地を置いた、「ヘルレン河の大オルド」とも史料にあらわれる。

卯年《うどし》（一二三一年）、オゴデイは金国に向かって出征し、居庸関を越えて金国領内になだれ込み、大小の城市を陥落させた。

その陣中でオゴデイは、とつぜん病いにかかり、口をきくのも不自由になった。祈禱師や占い師の見立てでは、金国の地祇・水神が、民草や財貨を奪われ、国土が荒らされたのを恨み、祟《たた》っているのだという。そこで、民や金銀財宝、馬匹や糧食を供えようと祈ったが、病いはますますひどくなった。

ところが、祈禱師が「皇族から身代わりを出すのはどうか」と祈ってみたところ、オゴデイの容体は和らいだ。

それをみて、傍らにいたトルイは、

「父帝チンギス・カンは、兄君を大位にご指名になられました。そのとき父帝は私に、『兄が忘れたことを思い出させ、眠りから目覚めさせよ』といいつけられました。いま、兄帝を失っては、私は誰を目覚めさせたらよいのでしょうか。兄帝に去られては、大勢のモンゴルの民は孤児となり、金国の民が喜ぶだけです。私が兄帝の身代わりになりましょう」

というと、祈禱師によって呪《のろ》いが込められた水を飲みほした。やがて酔ったようになると、あとのことをオゴデイに託し、息を引き取った。

この不可解な事件を『元史』と『集史』も伝えている。『元史』によると、トルイが身罷《みまか》ったのは、一二三二年陰暦九月であった。この年の春、トルイは主将として三峰山《さんぽうざん》の戦い（河南省禹州《うしゅう》市付近）で金軍の主力を撃破していた。この勝利が対金戦争の帰趨《きすう》を決したともいわれる。つまり、トルイの名声は、オゴデイを凌ぐほどの存在になっていた。そうしたなかで起こったトルイの怪死は、後世さまざまな憶測をよぶことになる。

かくして金帝を追いつめ、「召使い《セウセ》」という名をつけ、その金銀財宝、金糸織物、去勢馬、金帝の小姓《こしょう》どもを奪った。

『金史』に金朝滅亡のようすが詳しく記されている。それによると、天興《てんこう》三（一二三四）年正月、金の第九代皇帝守緒《しゅしょ》は、位を承麟《しょうりん》に譲った。東面元帥《とうめんげんすい》の任にあった承麟は武勇に優れていたが、血統的には皇室の傍流であった。金皇室の人材は払底していた。金帝が落ち延びた先の蔡州《さいしゅう》（河南省駐馬店《ちゅうばてん》市）にて、その即位式がおこなわれていた最中に、大轟音《だいごうおん》とともに城門を破ってモンゴル軍が乱入してきた。南から迫りくる部隊には南宋の旗印が掲げられていた。太って騎乗が不得手な守緒は、その場で自縊《じい》した。彼には哀宗《あいそう》という諡号《しごう》がおくられた。一方の承麟も乱戦のなかで殺された。わずか一日の在位であった。彼には諡号すらおくられず、末帝《まってい》という名を史料に留める。

金国を平定するとオゴデイは、哨戒《しょうかい》の任を帯びたタンマチ（鎮戍《ちんじゅ》部隊）を配置し、南京《なんけい》（汴京《べんけい》、現在の開封）と中都（現在の北京）などの各城市にはダルガチ（代官）を置き、カラコルムに凱旋した。

一二三五年、オゴデイは、カラコルムの地において、大国にふさわしい都の造営に着手した。ここを国都とすることは、父帝チンギスの遺命でもあった。手始めに、金国から連行してきた工匠を使って、万安宮《ばんあんきゅう》という中国風の豪壮な宮殿と、市街地を囲繞《いにょう》する城壁の造営が始まった。

図28　カラコルム遺跡　興元閣という仏塔の基壇と、手前に残る亀趺（亀をかたどった石碑の台座）

金国を滅ぼし中国本土の北半を制圧したのにつづき、各地に派遣されたモンゴル軍の勝利の知らせも、オゴデイのもとに続々と届けられた。

箭筒士のチョルマカンは、兵を率いてバグダードの民を降した。バグダードは土地がよく、物産が豊かだということを聞いてオゴデイは、

「チョルマカンをそこに駐屯させ、黄金製品、金襴緞子《きんらんどんす》の各種織物、真珠、ビーズ、首が長く腰の高いアラブ馬、ヒトコブラクダ、荷を運ぶロバを毎年献上させよ」

と命じた。

ただ、先学による史料の丹念な吟味により、バグダードを制圧したのはチョルマカンではなく、第四代君主モンケの時代、皇弟フレグによって成し遂げられたとわかっている。こうした部分が後世の挿入なのか、それとも『元朝秘史』自体の成立年代を反映しているのか、古くから研究者の間で議論がある。

一方、東欧に派遣されたバトゥ、ブリ、グユク、モンケらは、カンクリ人、キプチャク人、バジギル（バシキル）人を平定してアディル川（ボルガ川）、ジャヤク川（ウラル川）を越えてメゲト城（コーカサス地方北部）を破り、オルス（ルーシ）人を略奪のうえ殺戮した。そし

てアス人、セス人、ボラル族、キワ・メンケルメン大城（現ウクライナのキーウ市）をはじめとする諸城の民を捕らえ降し、代官および鎮戍部隊を置いて帰還した。

その勝利の裏で、ひとつの事件が起こったことを『元朝秘史』は伝える。

西征軍の総帥を務めたバトゥが、大きな天幕を設《しつら》えて勝利を祝う宴を催した。その場で、バトゥが酒杯に先に口を付けたことにブリとグユクが腹を立て、バトゥに対して侮辱の言葉を投げかけた。グユクにしてみれば、一歳年上で現帝の嫡子である自分が、バトゥの指揮下に入ることに不満があったにちがいない。バトゥの横柄な振る舞いをみて、グユクの溜《た》め込んでいた感情が溢れ出したのであった。

それに対してバトゥは、ことの顚末をオゴデイに上奏した。バトゥとしても、総帥としてのプライドがあり、そのままでは腹の虫が収まらなかったとみえる。事件の一部始終を知ったオゴデイは、みずからが任命した総帥に非礼をはたらく軍紀違反をしたグユクを激しく責めた。バトゥの留飲は下がったが、逆にグユクの怨念《おんねん》は深まった。そののち第三代君主となったグユクは、バトゥに対して高圧的な態度で臨む。

『集史』によると、この出来事からおよそ七年後の一二四八年のこと、グユクは領地のエミル（新疆《しんきょう》ウイグル自治区額敏《エミン》県）に向かう途中、とつぜん崩じた。原因は定かでないが、後世の歴史家の推考では、バトゥの差し向けた刺客による暗殺らしい。こののちバトゥの強力な後援で即位したモンケは、ブリなどグユク派を一掃した。それは果断かつ熾烈をきわめた。

表5　オゴデイの輪番組（ケシクテン）

	総監	職名	統括	班長
輪番組（ケシクテン）	エルジギデイ	宿直番（ケブテウル）	カダアン・ダルドルカン	カダアン・ダルドルカン、ブラカダル
				アマル、チャナル
				カダイ、コリ・カチャル
				ヤルバク、カラウダル
		箭筒士（コルチ）		イェスン・テエ
				ブキデイ
				ホルクダク
				ラブラカ
		日直番（トルカウト）		アルチダイ、コンゴルタガイ
				テムデル、ジェグ
				マングタイ

酒席での些細《ささい》ないさかいが、帝国を揺るがす大事件へと発展することになった。

四功四過

オゴデイは、父チンギスに倣い、宿直番（ケブテウル）、箭筒士（コルチ）、日直番（トルカウト）から成る輪番組（ケシクテン）を整備した（表5）。

職掌それぞれの役割、職務に怠慢があった場合の処罰規定などは、ほぼチンギス時代のものが引き継がれた。しかも、指揮官クラスの顔ぶれをみると、やはりチンギス時代からの古参が目立つ。

たとえば、輪番組の統括者のエルジギデイは、チンギス側近として活躍した人物で、宿直番の統括者のカダアン・ダルドルカンは、フフ・ノール（青い湖）でのいわゆる第一次即位に参列していた。ほかにも、箭筒士の班長を拝命したイェスン・テエ、ブキデイ、ホルクダク、ラブラカの四名は、チンギス期からの留任組であった。

その一方でオゴデイは、兄チャガタイと相談して、独自色の強い政策も打ち出した。まず、税制を整えた。税といっても金銀貨幣で納入するのではなく、遊牧王朝らしく家畜での納税であった。具体的には、牧民の飼育するひとつの羊の群れから、二歳の羊を毎年一頭ずつ宮廷に納めさせることにした。それとは別に、一〇〇頭の羊あたり一頭の牝羊を徴収して、困窮した者に与えることにした。貧困対策も考えていたことは興味深い。

家畜がもたらす酪肉《らくにく》は、オゴデイの生活と地位を支えていた。羊頭税ともいえる制度で肉については定まったので、つぎは酪（乳のこと）についても決める必要があった。モンゴル宮廷では、宴会政治と形容できるほど、酒宴で国家の重要政策が決まった。まつりごとに酒は欠かせなかった。ここでいう酒とは馬乳酒である。その消費量は、とても周囲の牧民からの調達ではまかない切れず、しかも牧民に過度な負担を強いていた。そこでオゴデイは、各千戸に命じて牝馬とともに牧司《ぼくし》を出させて、馬の放牧と搾乳を任せることにした。

こうした宴会政治の場では、君主から臣下への大盤振る舞いが不可欠であった。これを賜与という。賜与は君主への求心力を高める効果があった。とくに、何かと不平と不満を口にする親族への賜与は欠かせなかった。そのため、君主が下賜に用いる品々、たとえば織物、銀錠《ぎんじょう》といわれる斧形（分銅形《ふんどうがた》）をした銀の塊、矢筒、弓、甲冑などはつねに倉庫に蓄えておく必要があった。各地から倉庫番と穀物番を選んで、そうした品々を守らせた。

もちろん潤うのは高位高官だけではいけない。下々の遊牧民たちにも富貴が行き届かなければならなかった。牧畜の基本となる草地は、モンゴル高原の至るところに広がるが、生産性を上げるためには、それなりの管理が必要となる。そうした管理を、各千戸から牧司を選出させて、彼らに任せることにした。また、人煙《じんえん》なき砂漠にも牧地が広がるようにと、チャナイとウイウルタイに命じて井戸を掘らせた。

さらに、通信伝達の整備にも関心は及んだ。広い国土を使者が馳せるとき、そのたびに民を徴用していたので、その負担は重く、また使者が遅れがちになる弊害があった。そこで千戸ごとに駅の管理者と馬夫を出させて、各所に駅站《えきたん》（宿駅）を置き、それに沿って使者が往来できるようにと命じた。

これはチャナイとボルカダルが建議したこととあるが、チンギス時代にも金国の中枢部とヘルレン河畔にあった大オルドを結ぶ「魚兒濼駅路《ぎょじはくえきろ》」（二六一頁、図31）や、アルタイ山脈の南を通り中央アジアへと抜ける駅道が機能していたと旅行記『長春真人西遊記』の記述からうかがえる。オゴデイは既存の駅伝制を整備し、さらに発展させたのであった。

この駅伝制は、アラチャン、トクチャルを責任者とし、各駅站には二〇人の馬夫を置き、乗り継ぎ馬、供食用の羊、馬乳用の牝馬、車両牽引用の牛、車両の完備が定められた。もし、わずかでも欠損しているなど規定に違《たが》うことがあれば、家財の半分を没収するという厳しい罰則も設けられた。オゴデイの駅伝制への並々ならぬ思い入れがうかがえる。

オゴデイはいった。

「父帝の大位を継いで、わしが為《な》した第一の成果は、金国に出征してその民を平定したことだ。第二の成果は、わが使者が速く走り、必要な物資を運べるように駅伝を設けたことだ。第三の成果は、水のない地に井戸を掘らせて、民に水と草を与えたことだ。第四の成果は、占領した各地の都市に鎮戍軍を置き、その民をまとめて、逆らうことなく住まわせたことだ。父帝の跡を継いで、わしはこれらの四つの成果を加えたぞ。

一方で、父帝の大位を継いで、あまたの国民をわが肩に担っていながら、葡萄《ぶどう》と米の酒に酔いしれたのは、わしのひとつの過ちだった。つぎの過ちは、女人の言葉に乗せられて、オトチギン叔父のところから乙女らを連行したことだ。国の君主にもかかわらず、こうした悪い所業をはたらいたのは過ちだった。また、ドコルク侍従を殺《あや》めてしまった。誰が彼のように忠義を尽くしてくれるだろうか。誰よりも道理を弁《わきま》えていたドコルクを、感情の赴くままに殺してしまったのは、わしの過ちだった。さらに、天と地から命あって生まれた、本来自由であるべき獣を、巻狩りのとき、わが兄弟のもとに行かないように囲いを築いて独り占めしてしまった。そのため、兄弟を不快にさせたのも、わしの過ちである」

四つの功績と四つの過ちが記されていることから、この部分はオゴデイの「四功四過《しこうしか》」とよばれる。功績はおおむね前出しているが、過ちのほうには、オトチギン領の乙女の件といった事情の判然としない出来事も含まれる。オゴデイの人物像に接近できる興味深い記述といえる。

ドコルク侍従とは、チンギスのフフ・ノール即位にも居合わせた老臣で、『集史』によると、トルイに従い金朝滅亡に大きな功績があったとされる。トルイの不可解な死から想像をたくましくすると、トルイとの強い関係性がオゴデイの不興を買ったのかもしれない。

過度な飲酒癖は、オゴデイの身体を蝕《むしば》んだ。『元史』には、側近として仕えた耶律楚材の諫言《かんげん》のようすが記されているが、それを聞き入れることはなかった。一二四一年陰暦十一月、オゴデイは、巻狩りを楽しんだ後の深酒によって行宮にて崩じた。享年五十六であったと、『元史』はその死を簡潔に伝える。だが、『元朝秘史』は彼の最期に触れていない。

謎多き奥書

「イェケ・クリルタに出席し、子年の七月、ヘルレン川のコデエ・アラルの、ドロアン・ボルダグとシルギン・チェグの二つの間に、宮帳群が止まっているときに書き終えた」

長きにわたり綴られてきた『元朝秘史』も、この二八二節の奥書をもって擱筆《かくひつ》となる。奥書は、短い一文にもかかわらず解釈が難しく、長いこと多くの研究者を悩ませてきた。

「クリルタ」は〝会議〟といった意味で、〝大きい〟を意味する「イェケ」が付くと、王侯将相による国家の重要議題の話し合いをいう。次期君主の選出は、これにあたる。クリルタは、歴史分野では「クリルタイ」ともよばれる。

「子年」には議論があり、いつのことなのか定説はない（一八～一九頁）。東西のおもな史料によると、コデエ・アラルでイェケ・クリルタが開かれたのは、一二二九年（己丑《きちゅう》）のオゴデイ、一二五一年（辛亥《しんがい》）のモンケ、一三二三年（癸亥《きがい》）の第十代イェスン・テムルの即位を議した三回が知られているが、いずれも子年ではない。ところが、なぜか『元朝秘史』だけがオゴデイ即位を一年早い一二二八年（戊子《ぼし》）としている（二二四～二二五頁）。これなら子年にあたるが、学界の大勢は『元史』や『集史』といった正史の類と異なるとして認めていない。しかし、こうした重要な出来事を『元朝秘史』の作者が誤認していたとは思えない。作者がこう記したのには、何らかの理由があったにちがいない。それを解明することは、『元朝秘史』の成り立ちを知るための重要な研究課題であると考えている。

コデエ・アラルは、チンギスがまだテムジンとよばれていたころ、裏切り者のユルキン氏族を滅ぼした舞台として既出である（八六頁）。〝田舎の島〟あるいは〝荒野の島〟といった意味で、ヘルレン川が流路を南行から東行に変える地点にある、本流と支流のハル・オス川に挟まれた中洲《なかすじょう》状の土地である。その面積は二〇〇平方キロメートル（山手線内の三倍強）にも及ぶ。

その北にあるのがドロアン・ボルダグで、ドロアンは「七つ」、ボルダグは「小高い丘」を意味する。碗を伏せたような小丘が七つ近接して存在し、奇妙な景観をつくり出している。

図29　ドロアン・ボルダグ　コデエ・アラルから遠望。本来は7つの峰があるが、一峰は隠れている

一方で、シルギン・チェグは不明であるが、モンゴル人の歴史地理研究者は、コデエ・アラルの東にあるトーノという岩山の、ひときわ目立つ一峰を指すと考えている。地元の古老が、その峰をシルギン・チェグとよんでいたという。

そこで一部のモンゴル人研究者は、ドロアン・ボルダグとトーノ山との間に『元朝秘史』を書き終えた場所があると考えている。

ただし、こうした解釈は、前掲のように「ドロアン・ボルダグとシルギン・チェグの二つの間に……」と読む場合に成立する。これは那珂通世からモンゴル国の公定本までに採用されている、もっともポピュラーな現代語訳である。しかし、文法的にみると正しくないらしい。

漢字音写に忠実に読むと「ドロアン・ボルダグにある」となることは、言語学から『元朝秘史』に挑んだ小澤重男が縷《る》々《る》指摘してきたことである。そうならば「シルギンとチェグの二つの間に……」と読むか、あるいはシルギン・チェグを一所として「シルギン・チェグと（他所は欠字）の間に……」と読むか、である。

私はドロアン・ボルダグ周辺を何度も訪れ、該当する地名が残されていないか調べてきた。七つある丘の名前もひとつひとつ調べてみたが、いまだ手掛かりは得られていない。そうした現地調査の過程で、コデエ・アラルにシルギン・ボランという名の場所があることを知った。そこで小さな古い陶器片を採集したが、モンゴル帝国期の所産かは定かでない。

終章　『元朝秘史』とその時代

モンゴル部族の揺りかご

『元朝秘史』は、多くの紙幅をチンギス・カンの生涯に割き、彼の一代記と評されることが多い。だが、それにとどまらず、四部叢刊《しぶそうかん》（漢籍叢書）本の冒頭のモンゴル語タイトルが『モンゴルの秘められた書（忙中豁侖紐察脱卜察安）』であったように、チンギス・カンもその一員であった「モンゴル」、すなわちモンゴル部族の誕生から祖宗の活躍についても多分に綴られている。『元朝秘史』の筆者にとって、モンゴル部族の興隆のありさまも、書き伝えたいことであったとわかる。

本書では、ここまで「モンゴル部族」という語を、何度となく記してきたが、「部族」というものについて、改めて私の考えをきちんと説明しておかなければなるまい。

本書で用いた部族とは、同系統もしくは異系統のいくつかの氏族が連合した集団をいう。氏族が血縁的な紐帯で成り立っていたのに対し、部族は、血縁の枠を超え、社会や文化、あるいは宗教的なつながりのもとで、ある種の帰属意識を共有していた集団のことを指す。多くの部族は、同一の言語を用い、等質の文化と共通の信仰をもつ。モンゴル部族も、おおむね同様であったと考えている。

そうしたモンゴル部族は、いつ、どこで、どのように形成されたのか。そのあたりの経緯を『元朝秘史』では「大湖を渡り、オノン川の源のボルカン・カルドゥンの牧地にやってきた」と、意外なほど簡潔に記すにとどまる。

これに対してペルシア文の史料『集史』では、モンゴル部族の祖先は、エルグネ・クンという場所に発祥したと、鉄山溶解伝説（二五頁）を交えて、やや詳しい記述がみられる。このエルグネ・クンとは、大興安嶺山脈の北部を流れるアルグン川のことで、モンゴル語ではエルグネ川ともよばれる。クンとは谷間《たにあい》の地形を指すとされる。アルグン川は、オノン川やシルカ川といった後《うしろ》バイカル地域を流れる大河を集め、やがてアムール川と名を変えてオホーツク海へと注ぐ。

漢文史料の『旧唐書《くとうじょ》』には、「蒙兀室韋《もうこつしつい》」という集団が「倶輪泊《ぐりんはく》」という湖水に発する「望建河《ぼうけんが》」のほとりにいたとある。七～九世紀ごろのことである。蒙兀（Mung-u）はモンゴルの漢字表記の「蒙古（Mung-ku）」に似ていることから、蒙兀室韋はモンゴル部族の祖先と考えられている。なお、室韋とは、中国内地側の人間が大興安嶺周辺にいた諸集団に対して用いた呼称である。

倶輪泊はモンゴル高原最東端にあるフルン湖と、望建河はアルグン川と先学により考証されている。現在ではフルン湖とアルグン川は通じていない。だが、歴史をさかのぼると、何度か訪れた湿潤期には、フルン湖が溢れてアルグン川へと流出したことがわかっている。『旧唐書』が伝える当時は湿潤期にあたり、フルン湖の汀線《ていせん》（陸地との境界線）が上昇していたと古環境学者によって確認されている。

東西の文献史料を合わせることで、先学諸賢は、モンゴル部族の起源地をアルグン川流域に求めてきた。それに異論はない。ただ、そこはモンゴル高原とその周辺において、ことのほか冬季の寒冷が厳しく、積雪の多い場所として知られている。あまり好条件の土地であったとはいえない。冬のあいだ、わずかな枯れ草で命をつなぐ家畜にとって、その死活を積雪量が左右する。

そうであっても、五世紀に華北に覇を唱えた北魏の中核を担った鮮卑《せんぴ》という集団は、このあたりに発祥したとされる。この説には問題点もあるが、豊かな副葬品を納めた墓地が多いことから、強大な権力を育《はぐく》む何らかの可能性を秘めた土地であったことは確かとみえる。劣悪な環境を克服する鍵《かぎ》があったにちがいない。

この地域の特性として、まず思い浮かぶのは、さまざまなエスニック集団が交錯していたことである。モンゴル高原東部にいたモンゴル系、シベリアに広く分布していたトルコ系、アムール川流域に住んでいたツングース系という三つの集団が、往時ここを行き来していた。それは考古資料やゲノム解析の結果が証明している。

人が交われば物が動く。集団の枠を超えて交易圏を構築することによって、この地で力を蓄えることは、けっして不可能でなかった。ちなみにアルグン川流域の主要産品には、テンなどの野生動物の毛皮が知られ、漢人はもとより西方世界でも珍重されていたようである。対価として、キビやムギといった食料や、武器となる鉄や青銅が、周辺先進地域からもたらされた。

プロトモンゴル集団

考古資料を調べると、八世紀ごろのアルグン川流域には、二つのタイプの葬制が併存していたと明らかになった。ひとつは、遺体を墓坑の底に安置するとき、頭を北にし、仰向けで手足を伸ばした仰臥伸展という状態で、副葬品として骨や鉄で作った日用品を納めるタイプであった。もうひとつは、頭を東にし、身体の右あるいは左を下にし、膝を曲げた側身屈肢という状態で安置し、羊の肩甲骨を副葬するタイプであった。

膝を曲げるといった遺体の姿勢変更は、死後硬直の始まる前に計画性をもっておこなう必要があった。こうした意図的な埋葬姿勢には、世界の前文明的な生活をおくる民族をみても、死者の属した集団の宗教や来世観が反映される場合が多い。つまり、葬制が同じということは、宗教や来世観を共有し、ある種の同一の帰属意識をもっていたという証左となる。どうやら八世紀ごろのアルグン川流域には、二つの集団が雑居していたらしい。

ところが十世紀になると、被葬者の姿勢は、右側身を下にして膝を軽く曲げ、頭を北あるいは東北に向ける例が多くなった。また、羊の肩甲骨が標準的に副葬されるようにもなった。ちょうど二つのタイプの葬制が合わさった形になった。こうした葬制の均一化は、二つの集団が統合された結果であるとみてよい。

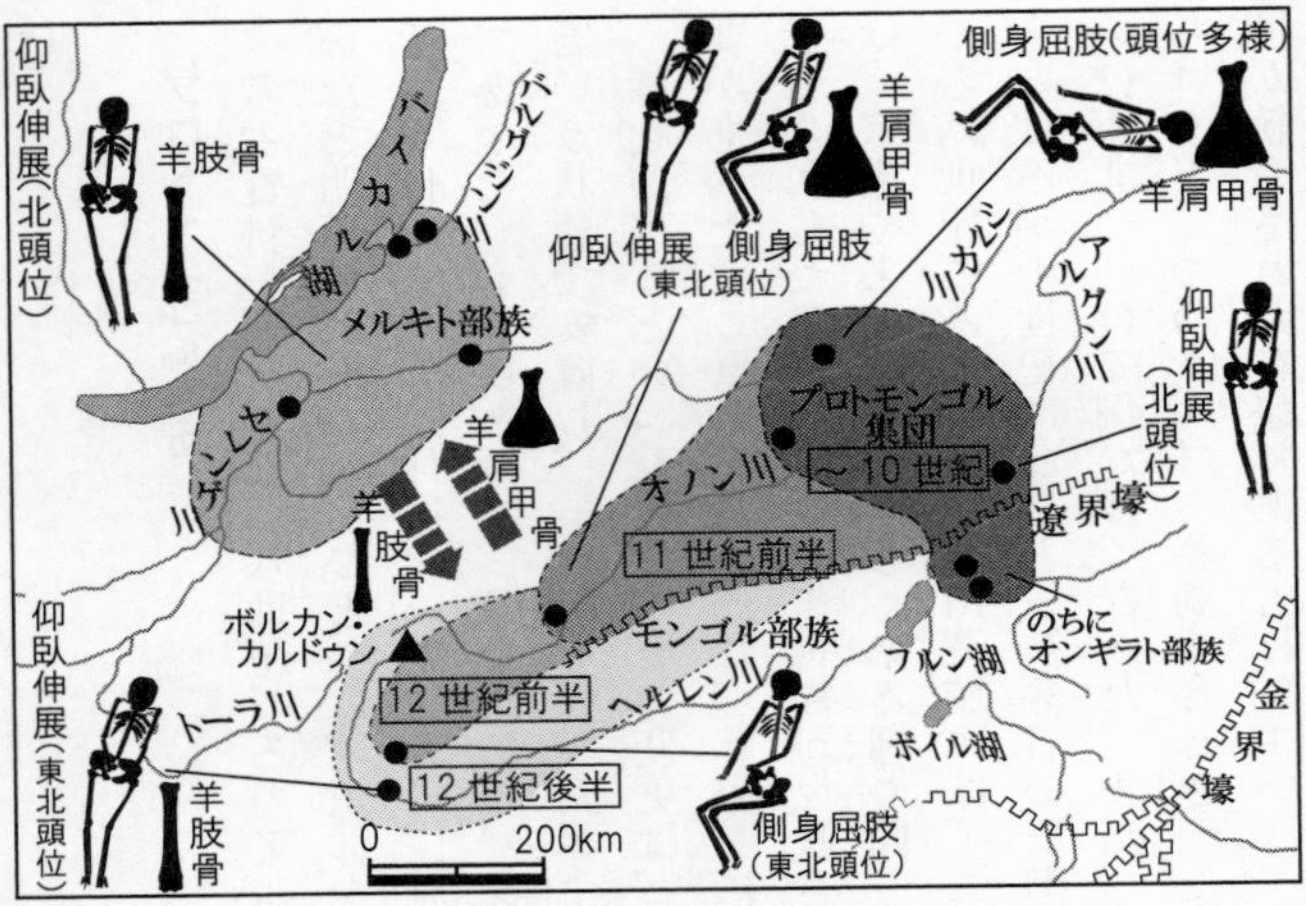

図30　モンゴル部族の形成過程

この統合の背景として考えられるのが、抗争の激化である。副葬品のなかに、殺傷能力の高い鉄鏃《てつぞく》の数量が増え、しかも大型化する傾向のみられることが、それを傍証している。狩猟のためなら、骨鏃《こつぞく》でじゅうぶんである。

そのころ地球規模で気温の乱高下がみられた。この時期を中世気候異常期という。モンゴル高原において、中世気候異常期の前半にあたる七〜九世紀は、おおむね高温傾向であった。だが、その後半にあたる十世紀後半〜十二世紀末になると、直近一〇〇〇年間で十指に入る寒冷期に三度も襲われたことが古環境研究でわかっている。あわせて、高原東部では、それまでの湿潤傾向から一転して、乾燥化が強まったことも明らかになっている。こうした気候悪化が植生と動物相に影響を与え、遊牧地や狩猟地をめぐる集団間の争いを誘発したにちがいない。

争いは集団の離合集散を促し、やがて新たな集団の形成につながった。その一部は、少しでも住みよい地を求めて、オノン川に沿って、その上流へと移動し始めた。

この集団には、のちのモンゴル部族につながる部分が多分にあった。たとえば、白樺樹皮製品の多用や、骨角製品に彫られた装飾の図柄には、モンゴル部族との共通性がうかがえる。そこでこの新集団を、のちのモンゴル部族とは区別して「プロト（原）モンゴル集団」と仮称しておく。

近年の考古学の成果によると、プロトモンゴル集団の移動の理由は、自然環境だけではなかったらしい。オノン川上流域は、匈奴《きょうど》時代の紀元前一世紀ごろから、製鉄が盛んであったことが明らかになってきた。いまのところ鉄山の所在地は定かでないが、おそらくオノン川流域に数か所存在していたとみられる。そのころ鉄の重要性は、武器だけでなく日用品にも高まっていた。彼らの移動の目当ては、この鉄資源にもあった。

そうして力を蓄えたプロトモンゴル集団は、比較的温暖な南に広がる草原地帯を目指した。ところが、彼らの移動を阻む者が現れた。遼（契丹《きったん》）である。大興安嶺山脈の東南部に勃興したこの国は、十世紀第2四半期にはフルンボイル地域に進出し、さらにモンゴル高原東部へと版図を広げた。二つの勢力は、十一世紀初めごろ、オノン川に沿って対峙することになった。

そのころの遼は、南方でも領土拡大を目論んでいた。宋と干戈《かんか》を交え、一〇〇四年、澶淵《せんえん》の盟を結んで燕雲《えんうん》十六州を手に入れると、こんどは矛先を高麗に向けた。そうした南北両面連戦で、強国とはいえ遼の国力は、かなり消耗していた。

そこで遼は、主戦力を南方に振り向け、北方では専守防衛の路線をとった。十一世紀中葉、アルグン川流域からオノン川上流にかけて、全長七〇〇キロメートルにも及ぶ土塁と壕《ほり》から成る界壕《かいごう》とよばれる防衛線を築いた（遼界濠）。馬が乗り越えられない程度の規模であったが、それでも侵攻の勢いを止めるには、じゅうぶんであった。

アルグン川流域を横断するように築かれた界壕は、プロトモンゴル集団の居住域を南北に分断した。界壕の南のグループは、遼の統治に組み込まれた。先進文化の影響を強く受けた彼らは、のちにモンゴル皇室の姻族として勢力をもつオンギラト部族になったと考えられる。一方の界壕以北のプロトモンゴル集団に対しても、遼は懐柔策を採った。完全に封じ込めるのではなく、界壕のところどころに門戸を開き、そこで交易をおこなっていたらしい。そのころの界壕以北の墓の副葬品に、遼からもたらされた陶器や装飾品が目立つようになる。遼の先進文物は、プロトモンゴル集団だけでなく、さらに遠方のシベリアの森林地帯に暮らす集団もこの地に引き寄せた。界壕付近から出土した多系統の当時の土器がそれを物語る。

さまざまな出会いが、プロトモンゴル集団の自立と成長の契機となった。一〇八四年に「萌古国《もうここく》」「遠萌古国《えんもうここく》」の朝貢があったと『遼史』が伝えていることは、第1章（三一頁）でも触れた。〝国〟という表記はいささか大袈裟《おおげさ》であるが、モンゴルという名のもとに結びついた集団の台頭を、印象強くうかがわせる。

一一二五年に遼が滅ぶと、界壕は無用の長物となった。それを待ち構えていたかのように、モンゴル高原東部に北から集団がやってきた。そのころのようすを伝える金と南宋の史料には、「蒙古」と名乗る集団が、一一三五年ごろから、たびたび金の西北の辺縁を侵すようになったと記されている。

この南下してきた集団は、プロトモンゴル集団の後裔《こうえい》でありながら、少し異なる文化的特徴をもっていた。たとえば、その葬制をみると、墓の構造は変わらなかったが、側身屈肢の埋葬姿勢が、膝を伸ばして仰向けの仰臥伸展に変わり、羊の肩甲骨の副葬が、四肢骨（橈骨《とうこつ》か脛骨《けいこつ》が多い）を一本だけ納めるようにと変化した。

こうした新たな葬制は、そののちのモンゴル帝国期を通じてみられ、しかもモンゴル高原とその周辺に広く分布した。そこでモンゴルやロシアの考古学者は、このような葬られ方をした被葬者を、真正な「モンゴル部族」の一員と考えている。

一本の羊の四肢骨の副葬は、もとはバイカル湖の東南岸にいた集団にみられた。おそらく、プロトモンゴル集団が、遼の界壕で南下を妨げられていた十一世紀後半から十二世紀初頭の間に、和戦両面でバイカル湖方面の集団と交流をもったことで、新たな葬制が形成されたのではないかと考えられる。

モンゴル部族の伝説的な祖先であるアラン・コアにゆかりのある地や、チンギスから六代さかのぼるカイドゥの興隆の地が、バイカル湖東岸のバルグジンであったこと（三一頁）は、何やら示唆的である。

大国のはざまで

遊牧民は自給自足の生活を営む——というフレーズを目にすることがあるが、それは大きな誤りである。いまから八〇〇〇年ほど前、西アジアで遊牧が成立して以降、遊牧民は農耕定住民の傍らに暮らし、彼らに酪肉を提供するかわりに、農産物や手工業製品を入手してきた。遊牧民だけで生活は成り立たない。同じように彼らの歴史も、彼らの側だけの観察で再構成することはできない。

モンゴル高原に興亡した遊牧民たちもまったく同様で、中国や中央アジアの国家と和戦両面でつねに関係をもつことで、みずからの生活を成り立たせ、権力を維持してきた。ここではそうした視点でモンゴル帝国出現前史を見つめ直してみる。

十二世紀後半のモンゴル高原には、モンゴルのほかに、オンギラト、オングト、ケレイト、タタル、ナイマン、メルキトという七つの部族、いわば〝草原の七雄〟が割拠していた。

当時のモンゴル高原は、前述のように中世気候異常期という気候の不順な状態が続いていた。さらに十二世紀末になると、家畜の食《は》む草の生育に大切な夏季が低温傾向になった。現在よりも三度ほど低く、直近一〇〇〇年間の平均気温と比べても約一度近く低かった。しかも、長らくみられた乾燥傾向も続いていた。

そうしたなか草原の七雄は、人や物の略奪、遊牧地争いを繰り返していた。ただ、その理由は自然環境だけでなかった。背後に操り糸を引く西遼と金という二つの大国の影があった。

西遼はカラキタイともよばれ、金に滅ぼされて西方に奔《はし》った遼の皇族耶律大石が建てた国であった。現在のキルギス共和国を流れるチュイ川流域に本拠を置いて、東トルキスタンを広く支配していた。祖国を滅ぼした金に対しては、根深い遺恨とともに、捲土重来《けんどちょうらい》の野心も秘めていたようである。西遼にとって金と接するモンゴル高原は、戦略的に重要な位置にあった。

耶律大石は、西走の際、モンゴル高原を経由し、在地集団に遼への変わらぬ忠誠を誓わせた。そこにはオンギラト、オングト、ケレイト、ナイマン、メルキトが加わった。これらの部族は、いわば譜代の〝親遼派〟であった。

モンゴル部族はというと、自立を遂げた十二世紀中ごろから、たびたび金に侵攻するようになった。その目的は、財貨や人民の略奪にあったが、実質的に親遼派として振る舞っていた。

一方で金は、南を南宋、西を西夏という大国に接し、つねに戦争の火種を抱えていた。モンゴル高原への積極的介入を避け、界壕を築いて専守防衛に徹した。界壕の近くに暮らすタタル部族と、親遼派であったオングト部族を懐柔して自陣に引き入れた。彼らはいわば〝親金派〟であった。そして、そのなかから「糺《ジュイン》」という辺境防衛軍を組織し、侵入してくるモンゴル部族やケレイト部族などに当たらせるという〝夷《い》を以《もっ》て夷を制する〟態勢をとった。

それでも金にとってモンゴル高原を横断するステップルート（草原の道）は、西方世界への窓口として確保しておきたかった。西夏と西遼によってシルクロードが遮断《しゃだん》されていたからである。モンゴル高原の親遼派に対し、金は秋波を送っていたようである。

それに呼応するように、一一七五年にナイマン部族が金に朝貢した。ナイマン部族は、西遼の印章を用いるというほど親遼派の中心的存在であったが、この朝貢により金国の印章を受けた。何らかの有利な条件が提示されれば、いとも簡単に寝返るのが、大国のはざまで生きるモンゴル高原の遊牧民のしたたかさであった。

考古資料は語る

そうであっても、じっさいにはナイマン部族と西遼との関係は途切れなかった。そののちもナイマン部族の背後には、西遼の存在がちらつく。たとえば、チンギスに敗れて流浪したナイマン部族長のグチュルク・カンが頼った先は、西遼皇帝チルグのもとであった（一四四頁）。グチュルクにとってチルグが宗主であったからにちがいない。

ただ、西遼がモンゴル高原の部族へ関与したことを明示する史料はなく、文献史学者のなかには、両者の政略的つながりを否定する意見もある。だからといって、彼らがまったくの無関係であったとはいえない。考古学の最新研究がそれを教えてくれる。

アルタイ山脈周辺の遺跡から出土した資料をみると、十世紀ごろから天山山脈方面とのつながりが顕著になってきたとわかる。それは威信財《いしんざい》（権力を象徴する財物）だけでなく、衣服や日用品にもみられた。この地方に暮らした集団の日常に、天山山脈方面の物質文化が深く浸透していた証拠である。いわば東トルキスタンを包括する経済圏のようなものが形成され、モンゴル高原西部は、その域内に組み込まれていたらしい。

たとえば、西遼の治下にあった十二世紀ごろ、現在の新疆《しんきょう》ウイグル自治区内で生産された陶器がアルタイ山脈周辺でも出土する。こうした日用品の流通といった密接な経済的つながりがあったのならば、政治的関係がなかったとは考えにくい。ナイマン部族にとって西遼は、断ち切りたくても断ち切れない関係にあったといえる。

ほかにも、考古学によって判明したことがある。それは、金と同様に西夏も、界壕を北境のゴビ砂漠中に築いていたことである。総延長で約七〇〇キロメートルにも及ぶ。一部に漢代の長城を再利用して、早ければ十二世紀後半に完成したとみられる。界壕の位置と向きから推察して、ケレイト部族の侵入を防ぐことを目的としていたことは明白である。

ケレイト部族は、トーラ川やオルホン川流域のモンゴル高原中央部を活動領域としていた。そこに残る当時の遺跡からは、西夏西北部の河西回廊やエチナ川（黒河《こくが》）流域で生産された施釉《せゆう》陶器（うわぐすりがかかった陶器）がまとまってみつかっている。略奪だけでなく、交易によってもたらされた可能性もじゅうぶんにある。文献史料は、西夏とモンゴル高原諸部族との関係をほとんど伝えていないことから、今後の考古学調査にかかる期待は大きい。

チンギスの台頭

さて、ケレイト部族は、西遼の始祖耶律大石の旗揚げにも加わった譜代の親遼派であったが、一一九六年のウルジャ川（オルズ川）の戦いの際、テムジンとともに金側に付いた（八三頁）。この戦いは、タタル部族が金に反旗を翻したことに端を発する。ケレイト部族長のトオリルは、勝利に貢献したことで、金から「王《オン》」の称号が贈られた。これは親金派の盟主になったことを意味する。

テムジンの場合は、父祖の代から金に侵入し、親金派のタタル部族と戦っていた。くわえて、青年期にはすでにトオリルに臣下の礼をとっていたので、当初、その立ち位置は親遼派であったとみてよい。それがウルジャ川の戦いで父祖の仇のタタル部族を討つために金側に与《くみ》したことで、結果的に親金派に転じることになった。

その裏切りはテムジンにとって吉と出た。金国産の良質な鉄を入手できるようになった。金の首都中都（現在の北京市）とモンゴル高原を結ぶ幹線がヘルレン川と交わる要衝に、テムジンは、入手した鉄インゴット（加工用の棒状鋳鉄《ちゅうてつ》）を用いた鍛冶《かじ》工房を設けた。軍事力の優劣が死活を決めた当時、鉄は武器製作のための必需品であった。金国から得た鉄がモンゴル部族とテムジンの自立成長を大いに後押しした。

なお、そこはチンギス・カンの冬の拠点となり、「ヘルレン河の大オルド」として史書に名を留める。いまその廃墟は、アウラガ遺跡とよばれている。

ウルジャ川の戦いを境にして、草原の七雄の間の力関係に大きな変化があらわれた。ケレイトを中心とし、キヤト氏族などテムジンを支持するモンゴル、一部のオンギラト、オングトの各部族から成る親金派は、その勢力を伸張させた。おそらくテムジンと同じように、金からさまざまな文物が、これらの部族にももたらされたのであろう。

そうした流れに乗り遅れたタタル、ナイマン、メルキト、タイチウト氏族やジャダラン氏族などの反テムジンのモンゴル、一部のオンギラトといった親遼派の各部族は、たびたび連合軍を組織して、トオリルやテムジンらの親金派を攻撃した。

だが、しょせん私利私欲によって結びついた烏合《うごう》の衆は、物量に勝ったトオリルとテムジンの敵ではなかった。敗れた残党は、ケレイト部族やテムジンの旗下に編入された。ケレイト部族も強大になったが、ことのほかテムジン率いるモンゴル部族の隆盛は目覚ましかった。

十世紀からモンゴル高原の盟主的地位にあったケレイト部族にとって、新興のテムジン率いるモンゴル部族は、疎ましい存在であったとともに、身近な脅威でもあった。トオリルがテムジンに対して猜疑心を抱くようになり、父子のように固く結ばれた関係が綻んでいくようすは、『元朝秘史』に丁寧に描かれているところである（巻五～七）。

金から「王」称号という名誉を得たトオリルと、鉄という実利を得たテムジン。その後の二人の人生を、金という国が大きく翻弄した。金が意図的に両者の仲違いを仕組んだとは思えないが、結果的に、強大を誇ったケレイト部族の滅亡につながった。〝夷を以て夷を制する〟策が功を奏したといえる。

このように西遼と金との関係から、混沌《こんとん》としたモンゴル高原の諸部族の興亡を俯瞰《ふかん》すると、乱れた麻糸を断つように、モンゴル帝国成立前史を再構成できるのである。

カンへのこだわり

十三世紀中ごろのペルシアの政治家で歴史家でもあったアターマリク・ジュワイニーは、その大著『世界征服者の歴史』のなかで、チンギス・カンを「世界征服者」とよんだ。金という大国の大半を従え、西夏を滅ぼし、アジア西方世界を蹂躙《じゅうりん》したチンギス・カンの代名詞として、この名はふさわしくもある。

しかし、チンギス自身の胸の内は、どうであったのか。本当に世界を征服する野望を抱いていたのであろうか。彼の事績を深掘りすればするほど、私には、そうした疑念が湧きあがってくる。

そもそも、世界制覇の第一歩ともいえるモンゴル高原の統一さえ、テムジンの意図するところではなかったようにみえる。『元朝秘史』に描かれたテムジンのようすからは、生涯をケレイトの一部将として終えることに、何ら迷いがなかったととれる。そのような無垢《むく》なテムジンを心変わりさせたのは、トオリルの猜疑心と優柔不断さであったのは明らかである。そして、それがトオリルの自滅へとつながった。その後釜《あとがま》に偶然収まったというのが、テムジンによる高原統一の真相ではないか。

ナイマン部族も降《くだ》し、一二〇六年、モンゴル高原のあまねく遊牧部族の君主となったテムジンに、臣下たちから「チンギス・カン」の尊称が奉られた。その名づけ親は、『集史』によると、かの奸臣《かんしん》テブ・テンゲリであったという。

すでに述べたところではあるが、「カン」は、部族長や王の意味であった。のちに軟音化して「ハン」となる。一方の「カアン」は、皇帝と同義の唯一無二の統治者のことで、本来は「カガン」であったものが、モンゴル帝国期ごろには若干軟音化して「カアン」と発音されるようになり、そののち「ハーン」と変わったとされる。

東西の文字資料を渉猟した文献史学者たちの考証によると、チンギスは、生前にはカンの地位にとどまり、死後にカアンとよばれるようになったという。

それでは、なぜ、チンギスはカン位に甘んじたのか、あるいは、こだわったのか。理由は定かでないが、そこにモンゴル帝国成立の実像を知る鍵があるように考えている。

近年、チンギス・カンという尊称は、西遼君主の尊称の「グル・カン」や、トオリルが名乗った「王《オン》カン」を超えた存在として、テムジンのために創られたとする見解が、モンゴル史家の間にみられる。私もそれに同意する。ただ、それがカアン（皇帝）と同等の位置づけであったため、わざわざカアンと名乗る必要がなかったとする意見には同意できない。もしそうならば、死後にカアンを追号する必要はないからである。

チンギスの国づくり

〝チンギス・カン〟としてのチンギスがまず着手したのは、輪番組（ケシクテン）など宮廷制度と千戸制という統治組織の確立であった。整った官僚制と軍制をもった周辺の定住民国家に比すると、なんともおおらかで簡素な組織であったが、それまでのモンゴル遊牧国家からみれば、応分以上であった。

それと同時にチンギスには、やるべき仕事があった。古今東西の新興国家を通観したとき、いずれも農業の振興や交易の拡大など、経済政策に力を割いていたことを、われわれは歴史から学んでいる。建国に至るまでの混乱で、民衆の生活が疲弊の極限に達しているからである。それはモンゴルの場合も同様であったにちがいない。

遊牧民というと日々酪肉だけで暮らしていると思われがちであるが、それは大きな誤解である。モンゴル高原では、およそ三五〇〇年前の青銅器時代から、身分にかかわらず少なくない割合でキビなどの雑穀を利用していたと、理化学的手法を用いた食性の復元研究によって明らかになっている。食は生命維持に欠かすことができず、長らく根づいた食性を変えることは容易でない。チンギスの重要な役割に、こうした食料の調達があったはずである。それ以外にも、馬具の轡《くつわ》や鐙《あぶみ》の素材となった鉄、古くから衣服の布地として需要が高かった絹織物に対する民衆の渇望も、一刻も早く満たさなければならなかった。

いにしえよりモンゴル高原の遊牧部族のリーダーたちは、あるときは、配下の民を率いて略奪をおこない、奪った品々を働きに応じて民に分配し、またあるときは、隊商を仕立てて交易をおこない、その殖財による利益を民に分け与えた。

チンギス治世において、チンギスから賜与のあった千戸長は、それらのなかから下位の百戸長に分配し、さらに下位の十戸長へと分配が繰り返された。これによって広く国民全体に富がゆき渡るという仕組みであった。徴税はなく、下位者は兵役などの身体的負担で上位者の恩に応えた。これがチンギス政権の財政運営の基本であった。

このシステムを円滑に運用するため、身分階層の頂点に立つチンギスは、賜与の原資を調達しなければならなかった。原資を得る方法として、交易か略奪かという二つの選択肢があった。どちらを選ぶかは、多分に相手方の出方によった。好意的に門戸を開けば交易を、反対に敵対的な態度をみせれば略奪というように、きわめて明確な方針をチンギスは採った。

世界征服の完遂に並々ならぬ意欲が溢れていたオゴデイの占領地の経営方針は、タンマチという鎮戍《ちんじゅ》部隊を置き、戸籍調査をおこなって住民を千戸制に組織化するというものであった。一方でチンギスは、帰順した都市や地域にダルガチという代官を置いたが、円滑な交易と滞りない生産物の上納が妨げられなければ、ある程度の住民による自治と、信教の自由は保障された。そこにチンギスの世界征服への野望は見出せない。

チンギスの夢

チンギスの欲していたのは、土地ではなく、物や人であった。そして、モンゴル高原をそれらが集まる〝ハブ（結節点）〟にすることであった。

そのためには、インフラ整備も重要であった。チンギスの西征中に中国の山東からモンゴル高原を経由して中央アジアに至った李志常《りしじょう》（全真教《ぜんしんきょう》の道士で、長春真人の弟子）の旅行記『長春真人西遊記』には、アルタイの山越えの道の掘削をオゴデイが、天山山脈の渓谷の橋梁《きょうりょう》整備をチャガタイが担当したと記す。進軍のための道路整備は、とうぜん必要であった。だがそれだけではなく、隊商の通路としても、先々有用になることを見込んだ工事であったにちがいない。

こうした道をたどってさまざまな地域から物資がモンゴル高原へと集まった。たとえば、麺《めん》を打つための小麦粉が遠く天山山脈の南側からもたらされていたと『長春真人西遊記』にみえる。華北や天山山脈のオアシス地帯を掌握したことで、農産物はかなり充足できたはずである。にもかかわらず、チンギスは、モンゴル高原における農耕も奨励していたようであ

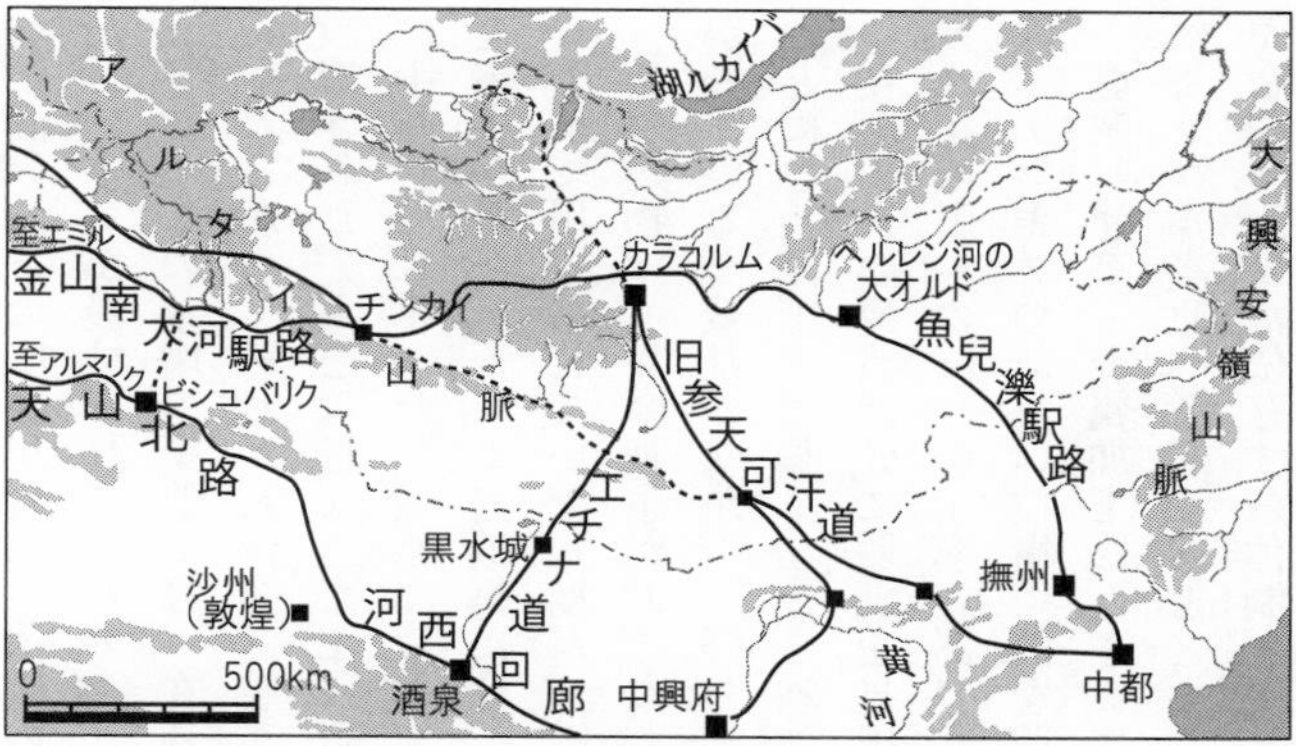

図31　モンゴル帝国初期の交通網

る。当時の耕作地跡がモンゴル高原の各地で確認されている。

　モンゴル帝国が成った一二〇六年を過ぎたころから、気候が乾燥期の底を抜け、それまでの低温期から温暖化傾向に転じた。条件が整えば、比較的乾燥寒冷に強いキビなどの雑穀農耕がモンゴル高原でもおこなえた。そうなると、農耕に携わる人材の確保も必要となる。『長春真人西遊記』からは、金やウイグルからやってきた人々が、それに携わっていたようすを読み取れる。

　そこには、意に反して連れてこられた人々だけでなく、新天地を目指して自主的にチンギスへ降った人々もいたと思う。チンギスは、こうした新来の人々の技術を高く評価していた。

　一例を挙げよう。チンギスの本拠地「ヘルレン河の大オルド」跡とされるアウラガ遺跡に、ひときわ高く整った建物基壇が残る。床面積は、テニスコート二面分ほどの広さをもち、遺跡内の建造物で最大規模を誇る。奥まった場所に玉座のようなステージが設けられていたので、調査団ではこの建物をチンギスの宮殿と考えている。

当初、この基壇の築造には、在地の工人が関与していた。在来の尺度を使って設計されていたことから、それがわかる。工事は順調に進んで基壇が完成し、その上面には柱の礎石も設置された。あとは柱を立てて、壁と屋根を築くだけとなっていた。ところが、そこで工事は中断してしまった。改めてすべての礎石が据え直され、ようやくそこに柱が建てられ、壁と屋根が築かれた。この改築には、金国の山西地方あたりにいた工人が関与していたらしい。その地で用いられていた尺度が、改築部分に使われていたからである。

この建物は、対金戦争がおこなわれていた一二一〇年代に築かれたと理化学的年代からわかっている。戦乱のなかで、好むと好まざるとにかかわらず、モンゴル高原へとやってくることになった工人たちに与えられた仕事が、この宮殿の造営であったとみられる。

在地工人の建設部分に瑕疵《かし》を見出すことはできなかった。どちらかといえば、礎石の据え方は在地工人のほうが丁寧であった。それでも重要な宮殿建築を新来の工人に任せたことには、チンギスの新しい技術で国を興そうという熱い思いがうかがえるのではないか。

農業、建築、金属加工などさまざまな生産の場面で、チンギスは周辺の先進技術を積極的にモンゴル高原へ導入するとともに、その技術移転をはかった。これまでの生活物資の多くを金国や西域に依存する体制を脱し、自主自立的な生産・供給体制への転換を目指すチンギスの企図が、そこにあったと考えるのは、いささか議論が飛躍し過ぎであろうか。
一二二〇年、西征の最中に、カラコルムという都市の造営を定めた。対外戦争が勝利の軌道にのったことで、チンギスは、人と物が集まる一大拠点をモンゴル高原に築くことを構想した。

カラコルムは、モンゴル高原の中央に位置し、金の中都と結ぶ魚児濼《ぎょじはく》駅路《えきろ》（元代のテレゲン道）、黄河流域に至る七世紀に整備された参天《さんてん》可汗道《かがんどう》という旧来の道（元代のモリン道）、シルクロード河西回廊に出るエチナ道、アルタイ山脈を越えて西に延びるステップルート（金山南《きんざんみなみ》大河《たいが》駅路《えきろ》など）という北アジアの大動脈の交差点にあった。人と物の〝ハブ〟には好適地といえた。だが、チンギスがその都市の姿をみることはなかった。

一二三五年、前年に金を滅ぼしたオゴディは、漢人が営む工業区とイスラム系住民による商業区を整備して、カラコルムを国際的な生産と交易の拠点とすることで、父の夢を叶えた。

おわりに

二〇〇六年のこと、『チンギス・カン――蒼き狼の実像』(中公新書)を上梓してまもなく、その編集をご担当くださった中央公論新社の並木光晴さんから、岩村忍訳の『元朝秘史　チンギス＝ハン実録』(中公新書)が絶版になると聞いた。

ほかの『元朝秘史』の訳本が文語体であるなかで、唯一口語体で読める岩村訳本は、文章の平易さと新書という簡便さを合わせもつことで、わが国における『元朝秘史』の普及に大きな役割を果たしたといえる。私にとっても、モンゴル行の良き伴侶《はんりょ》であった岩村訳『元朝秘史』には、特別な思い入れがあった。

そうした口惜しい気持ちを並木さんに伝えると、「つぎは白石さんが『元朝秘史』を書いてみませんか」というご提案をいただいた。嬉しいお声がけであったが、一介の考古学者で、モンゴル文学の専門家でも、モンゴル語に精通しているわけでもない私には、荷が重かった。しかも、先学によって優れたあまたの訳本が出版されているなかで、屋上屋を架すこともなかろうと逡巡《しゅんじゅん》した。そのとき「いままでにないタイプの『元朝秘史』にしたら」という並木さんの一言が背中を押した。

並木さんは、今回も編集をご担当くださった。細部にわたり適切なご指示をたまわったことに、心より御礼を申し上げたい。

こうしてできあがった本書は、『元朝秘史』の訳註本ではない。『元朝秘史』に触れてみたいが、文語体の訳本は敷居が高く、また、歴史や地理がわかりにくいと感じている読者をターゲットにした、いわば『元朝秘史』のガイドブックである。時代背景や複雑な人間関係を理解しやすくする補助線を引いてみた。そこに現地体験などを交えて臨場感をもたせたことで、いままでにない一書に仕上げたつもりである。

各章のタイトルの一部には、『元朝秘史』の最初の翻訳者に敬意を払って、那珂通世の訳註本から漢文調の印象的なフレーズを拝借した。また、章のサブタイトルや小見出しの一部は、岩村訳の口語調の明解なネーミングを踏襲した。

訳註本ではないといっても、じっさいには翻訳が本書のかなりの部分を占めている。平易な岩村訳を活かしつつ、他訳と対照しながら私見を加筆した意訳を掲げた。そのさい、小澤重男、村上正二、イゴール・デ・ラケヴィルツの訳註テキストを参照した。

個人名、氏部族名、地名などの固有名詞は、村上訳本の表記を基本としたが、モンゴル政府公定本と栗林 均《くりばやしひとし》・确 精扎布《チョイジンジャウ》編の全単語・語尾索引を参照して発音を確認し、必要に応じて改変した。『元朝秘史』では、同一人物であっても、場面によって表記が変わる例が多々ある。そのような場合は、できるだけ統一した。

本書を執筆するなかで、『元朝秘史』の理解には、多角的な学際的アプローチが欠かせないと痛感した。まさに、それは小澤重男が提唱した「元朝秘史学」の姿にほかならない。元朝秘史学に生涯を捧げた小澤の想いは、日本だけでなく世界の研究者に受け継がれ、着実に成長を続けている。

たとえば、文献史学の分野では、定説にとらわれない野心的な研究が近年つぎつぎと発表され、また、歴史地理学の分野では、フィールドワークに基づいた地道な成果が公刊されている。さらに、気候学やヒトゲノム解析などの理化学的研究も、当時の社会や文化への理解を深めてくれている。

本書では、こうした最新成果を取り込むようできるだけ努力した。至らぬ点があれば、それはひとえに筆者の力不足による。ご海容いただきたい。それでも本書を一読されて、一人でも多くの方が『元朝秘史』に興味をもってくださったならば、望外の喜びである。ぜひ、つぎは格調高い文語体の名訳を繙《ひもと》いてほしい。

末筆ながら、どうしてもお礼の気持ちを伝えたい方がいる。かつて学究の徒の道を進まれていたKさんとNさんである。お二人には、『元朝秘史』の全訳デジタルデータの作成をお願いした。異なる分野を学んでいたにもかかわらず、こちらの要求以上のものを仕上げてくださった。丁寧なお仕事は、本書の執筆に大いに役立った。

あれから幾星霜――。もうお二人にお目にかかる機会はないと思う。そこでこの場を借りて心からの感謝を申し上げる。どこかで本書を手に取ってくれたなら、嬉しい。

筆者識す

二〇二四年　三月吉日

参考文献

■『元朝秘史』関連
岩村忍（一九六三）『元朝秘史　チンギス＝ハン実録』（中公新書）中央公論社
小沢重男〔訳注〕（一九八四〜八九）『元朝秘史全釈・全釈続攷』（全六巻）風間書房
小澤重男（一九九四）『元朝秘史』（岩波新書）岩波書店
小澤重男〔訳注〕（一九九七）『元朝秘史』（上・下、岩波文庫）岩波書店
栗林均・确精扎布〔編〕（二〇〇一）『『元朝秘史』モンゴル語全単語・語尾索引』（東北大学東北アジア研究センター叢書　第四号）、東北大学東北アジア研究センター
那珂通世〔訳注〕（一九四三）『成吉思汗実録』筑摩書房（初出は大日本図書、一九〇七年）
ペルレー・ハー（小沢重男〔訳〕）（一九六九）「元朝秘史に現われる地・水名を探る」『遊牧社会史探究』第三九冊、一〜一八頁
村上正二〔訳注〕（一九七〇〜七六）『モンゴル秘史』（一〜三、東洋文庫）平凡社
Bazargur, D., Enkhbayar, D. (1997) *Chinggis Khaan Atlas*. Ulaanbaatar.
de Rachewiltz, I. [trans.] (2004-13) *The Secret History of Mongols*. (3 vols.) Brill, Leiden.
Равдан, Э. (2023) *Монголын нууц товчоон дахь газар нутгийн нэр судлал*. Улаанбаатар.
Цэрэнсодном, Д. нар. (2009) *Монголын нууц товчоо*. Улаанбаатар.

■史料
『旧唐書』（〔後晋〕劉昫等）：（一九七五）『旧唐書』中華書局、北京
『大金国志』（〔宋〕宇文懋昭）：崔文印〔校證〕（一九八六）『大金国志校證』（上・下）、中華書局、北京
『蒙韃備録』（〔宋〕趙珙）：陶宗儀〔纂〕（一九六三）『説郛』巻五四、台北新興書店、台北
『元朝秘史』（〔元〕無名氏）：（一九八五）「元朝秘史」『四部叢刊』（三編・八）上海書店（商務印書館刊一九三五

年の重印）
『聖武親征録』（〔元〕無名氏）：賈敬顔〔校注〕（二〇二〇）『聖武親征録』中華書局、北京
『長春真人西遊記』（〔元〕李志常）：党宝海〔訳注〕（二〇〇一）『長春真人西遊記』河北人民出版社、石家荘
『西遊録』（〔元〕耶律楚材）：松崎光久（二〇〇一）『耶律楚材文集』（中国古典新書続編二五）明徳出版社
『遼史』（〔元〕脱脱）：（一九七四）『遼史』中華書局、北京
『金史』（〔元〕脱脱）：（一九七五）『金史』中華書局、北京
『南村輟耕録』（〔元〕陶宗儀）：（一九九七）『南村輟耕録』中華書局、北京
『元史』（〔明〕宋濂）：（一九七六）『元史』中華書局、北京
『蒙古字韻』（〔元〕朱宗文）：（一九五六）『蒙古字韻二巻』（影印大英博物館蔵旧鈔本）関西大学東西学術研究所
『華夷訳語』（〔明〕火原潔）：（一九八七）「華夷訳語」『北京図書館古籍珍本叢刊』六、書目文献出版社、北京
『蒙古源流』（〔清〕サガン）：森川哲雄（二〇〇八）『『蒙古源流』五種』中国書店
『東方見聞録』（マルコ・ポーロ）：高田英樹〔編訳〕（二〇一九）「マルコ・ポーロ／ルスティケッロ・ダ・ピーサ『世界の記』（抄）」『原典　中世ヨーロッパ東方記』三〇九～四五八頁、名古屋大学出版会
『集史（*Jāmi' al-Tavārīkh*）』（ラシード・アッディーン）：Смирнова, О.И., Хетагуров, Л.А. (пер.) (1952) *Сборник Летописей* (том1-1, 1-2) Академия Наук СССР, Ленинград.
赤坂恒明〔監訳〕、金山あゆみ〔訳注〕（二〇二二）『『集史』―「モンゴル史」部族篇訳注』風間書房
『世界征服者の歴史（*Ta'rīkh-I Jahān-Gushā*）』（ジュワイニー）：Boyle, J.A.〔trans.〕(1997) *Genghis Khan-The History of the World-Conqueror*. Manchester Univ. and UNESCO（初出は一九五八年）.
『モンゴル帝国史』（ドーソン）：佐口透〔訳注〕（一九六八）『モンゴル帝国史』（一・二、東洋文庫）平凡社

■研究書・論文

愛新覚羅烏拉熙春（二〇〇六）「蒙古九峰石壁石刻と「札兀惕・忽里」」『立命館文学』五九五、横組四四～六三頁
宇野伸浩（一九八八）「モンゴル帝国のオルド」『東方学』第七六輯、四七～六二頁
宇野伸浩（二〇一八）「モンゴル帝国の宮廷のケシクテンとチンギス・カンの中央の千戸」『桜文論叢』九六号、二四七～二六九頁

宇野伸浩（二〇二三）「初期グローバル化としてのモンゴル帝国の成立・展開」『岩波講座　世界歴史』（第一〇巻）三～三九頁、岩波書店
宇野伸浩（二〇二三）「東・西アジアを結ぶ広域なモンゴル帝国の出現」『モンゴル帝国のユーラシア統一』（アジア人物史　第五巻）三～八〇頁、集英社
岡田英弘（一九八一）「モンゴルの統一」（護雅夫・神田信夫〔編〕）『北アジア史　新版』（世界各国史一二）一三五～一八二頁、山川出版社
岡田英弘（一九八五）「元朝秘史の成立」『東洋学報』六六巻一～四合併号、一五七～一七七頁
小林高四郎（一九六〇）『ジンギスカン』（岩波新書）岩波書店
篠田雅人・森永由紀（二〇一五）「異常気象に対する災害管理」（白石典之〔編〕）『チンギス・カンとその時代』一七七～一八五頁、勉誠出版
白石典之（二〇〇二）『モンゴル帝国史の考古学的研究』同成社
白石典之（二〇〇六）『チンギス・カン―蒼き狼の実像』（中公新書）中央公論新社
白石典之（二〇一二）「魚兒濼再考」『日本モンゴル学会紀要』四二号、二三～三八頁
白石典之（二〇一六）「斡里札河の戦いにおける金軍の経路」『内陸アジア史研究』三一号、二七～四八頁
白石典之（二〇一七）『モンゴル帝国誕生―チンギス・カンの都を掘る』（選書メチエ）講談社
白石典之（二〇二二）『モンゴル考古学概説』同成社
杉山正明（二〇〇四）『モンゴル帝国と大元ウルス』京都大学学術出版会
杉山正明（二〇一〇）「モンゴル西征への旅立ち―イルティシュの夏営地にて」（窪田順平〔編〕）『ユーラシア中央域の歴史構図　一三―一五世紀の東西』一五～二六頁、総合地球環境学研究所
田村実造（一九七一）『中国征服王朝の研究』（中）東洋史研究会
中村淳（二〇二一）「大モンゴル国の成立―一二〇六年と一二一一年」『駒沢史学』九六号、八五～一一二頁
舩田善之（二〇一八）「モンゴル帝国の定住民地域に対する拡大と統治―転機とその背景」『史学研究』三〇〇号、一～二九頁
舩田善之（二〇二二）「キタイ・タングト・ジュルチェン・モンゴル」『岩波講座　世界歴史』（第七巻）、八一～一一二頁、岩波書店
古松崇志（二〇二〇）『草原の制覇―大モンゴルまで（シリーズ中国の歴史③）』（岩波新書）岩波書店

本田実信（一九九一）『モンゴル時代史研究』東京大学出版会
松川節（二〇一五）「チンギス・カン時代の文字利用」（白石典之（編））『チンギス・カンとその時代』一〇三～一一八頁、勉誠出版
松田孝一（二〇一五）「チンギス・カンの国づくり」（白石典之（編））『チンギス・カンとその時代』一～二八頁、勉誠出版
松田孝一（二〇一六）「西遼と金の対立とチンギス・カンの勃興」『一三─一四世紀モンゴル史研究』一号、五一～六五頁、大阪国際大学松田孝一研究室（日本学術振興会科学研究費報告）
松田孝一（二〇二三）「モンゴル帝国の統治制度とウルス」『岩波講座 世界歴史』（第一〇巻）七七～一〇四頁、岩波書店
宮紀子（二〇一〇）「東から西への旅人：移剌楚材─『西遊録』とその周辺」（窪田順平（編））『ユーラシア中央域の歴史構図 一三─一五世紀の東西』一二九～一六六頁、総合地球環境学研究所
村岡倫（二〇一五）「チンギス・カン世界戦略の「道」」（白石典之（編））『チンギス・カンとその時代』五三～七六頁、勉誠出版
村岡倫（二〇一七）「チンギス・カン庶子コルゲンのウルスと北安王」『一三─一四世紀モンゴル史研究』二号、二一～三五頁、大阪国際大学松田孝一研究室（日本学術振興会科学研究費報告）
村上正二（一九九三）『モンゴル帝国史研究』風間書房
森安孝夫（二〇二一）「前近代中央ユーラシアのトルコ・モンゴル族とキリスト教」『帝京大学文化財研究所研究報告』第二〇集、五～三九頁
箭内亙（一九六六）『蒙古史研究』刀江書院（一九三〇年初版）
吉田順一（二〇一九）『モンゴルの歴史と社会』風間書房

＊

李珍華・周長楫（編撰）（一九九九）『漢字古今音表』（修訂本）中華書局、北京
劉浦江（二〇〇八）『松漠之間─遼金契丹女真史研究』中華書局、北京
孟松林（二〇〇九）『成吉思汗與蒙古高原』新世界出版社、北京

＊

Barthold, W. (1928) *Turkestan down to the Mongol invasion*. London.

(https://archive.org/details/Barthold1928Turkestan/mode/2up)

Campbell, K. (2020) The city of Otrar, Kazakhstan: Using archaeology to better understand the impact of the Mongol conquest of Central Asia. (Otto, A. et al. 〔eds.〕) *Proceedings of the 11th International Congress of the Archaeology of the Ancient Near East, 03-07 April 2018, Munich.* Vol. 2, pp.597-606, Harrassowitz, Wiesbaden.

Chen, F. et al. (2022) Summer temperature reconstruction for the source area of the Northern Asian great river basins, Northern Mongolian plateau since 1190 CE and its linkage with inner Asian historical societal changes. *Frontiers in Earth Science.* Doi: 10.3389/feart.2022.904851

Davi, N.K. et al. (2015) A long-term context (931-2005 C.E.) for rapid warming over Central Asia. *Quaternary Science Reviews.* 121, pp.89-97.

Futaki,H., Kamimura,A. eds. (2005) *Landscapes reflected in old Mongolian maps.* Tokyo University of Foreign Studies, Fuchu.

Lee, J. et al. (2024) Medieval genomes from eastern Mongolia share a stable genetic profile over a millennium. *Human Population Genetics and Genomics.* https://doi.org/10.47248/hpgg2404010004

Pelliot, P. (1959-73) Notes on Marco Polo. 3 vols, Imprimerie Nationale, Paris.

＊

Крадин, Н. Н. и др. (2016) Археология империи Чингис-хана в Монголии и Забайкалье. *Stratum plus. Археология и культурная антропология.* No.6, C.17-43.

関連略年表

七～十世紀	アルグン川流域にプロトモンゴル集団が活動。
九一六年	耶律阿保機が自立して契丹を建てる（九四六年、遼の国号も用いる）。
一〇〇七年	ケレイト部族、メルブのキリスト教ネストリウス派大司教に遣使。
一〇一五年	モンゴル部族のカイドゥ、ジャライル部族の襲撃を受け、バルグジンに逃げる（『元史』『集史』）。
一〇三二年	タングト部族が西夏を建てる。
十一世紀前半	遼、モンゴル高原東北部に界壕を築く。
一〇八四年	萌古国、遠萌古国が遼に遣使。
一一一五年	女真部族の完顔阿骨打が金を建てる。
一一二四年	遼皇族の耶律大石、モンゴル高原を経由して西走。三二年、西遼建国。
一一二五年	遼（契丹）滅亡。
一一四七年	モンゴル部族長カブル、祖元皇帝と自称。
一一六二年	テムジン誕生（『元史』。ほかに一一五四年説、五五年説あり）。
一一七〇年	テムジン、オンギラト部族のボルテと婚約。父イェスゲイ死去。
一一七五年	ナイマン部族、金に遣使。このころ金が界壕の建造を活発化。
一一八六年	テムジンの三男オゴデイ誕生。

一一八九年　テムジン、フフ・ノールでモンゴル部族長に推され、チンギス・カンと名乗る。その後にジャムカとダラン・バルジュトで戦う。

一一九六年　チンギス、ウルジャ（オルズ）川の戦いで金に加勢し、タタル部族を破る。金よりジャウト・クリ（国境警備隊長）に任ぜられる。ユルキン氏族を滅ぼす。

一二〇〇年　ホラズムのムハンマド、シャー（王）になる。

一二〇一年　反チンギスの氏部族がジャムカをグル・カーに推戴。チンギス、コイテンの戦いでジャムカを破る（他史料では一二〇二年とも）。

一二〇二年　チンギス、ダラン・ネムルゲスの戦いでタタル部族を破る（他史料では一一九九年ごろとも）。イェスイとイェスケンがチンギスに嫁す。バイダラグの戦いでナイマン部族を破る。

一二〇三年　チンギス、カラカルジトの戦いでケレイト部族と死闘。バルジュナ湖で再起。ジェジェル山の戦いでケレイト部族を滅ぼす。

一二〇四年　チンギス、宮廷組織の整備に着手。ラク山の戦いでナイマン部族を破る。ウイグル文字を採用。メルキト部族を滅ぼす。クランがチンギスに嫁す。

一二〇五年　ナイマン部族のグチュルク逃亡。鉄車を仕立ててスベエテイが追撃（「鉄車の勅」、一二一七年と混同か）。西夏遠征を開始（『元史』、一二二七年まで五回）。

一二〇六年　チンギス、オノン川上流でモンゴル高原諸氏部族の統一政権の君主となる（『元史』『集史』ではこのときチンギス・カンの尊号がおくられたとする）。

一二〇七年　長男ジョチが主将となりホイイン・イルゲン（森の民）を征討（他史料は一二一七〜一八年とする）。

一二一一年　チンギス、対金戦争に出発（〜一六年）。ウイグル王来貢（『元史』）。このころまでに「イェケ・モンゴル・ウルス（大モンゴル国）」を国号にする。

一二一四年　金と講和して一時撤兵するも、金側の挑発行為により再攻して中都を囲む。
一二一五年　中都攻略中のチンギスのもとにホラズムの使者が来訪。中都陥落。
一二一八年　オトラルでモンゴル使節団が虐殺される。西遼滅亡し、ナイマン部族のグチュルク死去。耶律楚材が家臣となる。
一二一九年　チンギス、ホラズム征討に出発（〜二五年）。
一二二〇年　オトラル包囲。五か月に及ぶ籠城ののち陥落（『集史』）。カスピ海の小島でムハンマド・シャー死去。
一二二二年　チンギス、パミール高原麓の陣で道教の師、長春真人に引見。
一二二六年　チンギス、西夏に遠征。
一二二七年　チンギス、陣中で崩ず。西夏滅亡。
一二二八年　オゴデイ、第二代君主に即位（他の史料はこぞって一二二九年とする）。
一二三一年　第二次対金戦争の開始（〜三四年）。ホラズム・シャーの継嗣ジャラルディン横死。
一二三二年　四男トルイ、三峰山の戦いで金に大勝利。九月、トルイ怪死。
一二三四年　金滅亡。
一二三五年　カラコルムの建都始まる。
一二三六年　バトゥを総帥とする西征軍の出発（〜四二年）。
一二四一年　オゴデイ崩ずる。
一二四六年　オゴデイ長男グユク、第三代君主に即位（〜四八年）。
一二五一年　トルイ長男モンケ、第四代君主に即位（〜五九年）。
一二五四年　ジャライルタイ箭筒士、高麗に遠征する（〜五九年）。
一二五八年　トルイ三男フレグによってバグダード陥落。

関連略年表

一二六〇年　トルイ次男クビライ、第五代君主に即位（～九四年）。
一二六三年　宣徳州が宣徳府に改称される。
一二六九年　パスパ文字が公布される。
一二七一年　大元ウルス（元）の成立。
一二七六年　東昌路の設置。
一三一〇年　このころフレグ・ウルスで『集史』成る。
一三六八年　元滅亡。明軍が大都に入城、大都を北平と改称。
一三七〇年　『元史』成る。
一三八八年　クビライの皇統が途絶える。モンゴル帝国の滅亡。
一三八九年　『華夷訳語』（甲種）完成。このころ漢訳『元朝秘史』成る。
一四〇八年　『永楽大典』に『元朝秘史』が収録される。
一八六六年　ロシア正教の掌院パルラディ、『元朝秘史』の総訳部分のロシア語訳を出版。
一九〇七年　那珂通世、『元朝秘史』の世界初の訳注本『成吉思汗実録』を出版。

地名索引

人名索引

＊チンギス（テムジン）は
頻出するため割愛した

白石典之（しらいし・のりゆき）

1963年（昭和38年），群馬県に生まれる．筑波大学第一学群人文学類卒業．同大学大学院歴史・人類学研究科博士課程単位取得退学．モンゴル科学アカデミー歴史研究所への留学を経て，現在，新潟大学人文学部教授．博士（文学）．専門分野はモンゴル考古学．2023年，モンゴル国北極星勲章を受章．

著書『チンギス＝カンの考古学』（同成社）
『モンゴル帝国史の考古学的研究』（同成社）
『チンギス・カン』（中公新書）
『チンギス・ハンの墓はどこだ？』（くもん出版）
『モンゴル帝国誕生』（講談社選書メチエ）
『モンゴル考古学概説』（同成社）
編著『チンギス・カンの戒め』（同成社）
『チンギス・カンとその時代』（勉誠出版）

元朝秘史《げんちょうひし》
—チンギス・カンの一級史料《いっきゅうしりょう》
中公新書 *2804*

2024年5月25日発行

著　者　白石典之
発行者　安部順一

本文印刷　三晃印刷
カバー印刷　大熊整美堂
製　本　小泉製本

発行所　中央公論新社
〒100-8152
東京都千代田区大手町1-7-1
電話　販売　03-5299-1730
　　　編集　03-5299-1830
URL https://www.chuko.co.jp/

Published by CHUOKORON-SHINSHA, INC.
Printed in Japan　ISBN978-4-12-102804-4 C1222

世界史